赢得货币战争

[美] 埃斯瓦尔·S.普拉萨德（Eswar S. Prasad）◎著
刘寅龙 ◎译

Gaining Currency

新世界出版社
NEW WORLD PRESS

北京版权保护中心引进书版权合同登记号：图字 01-2017-7669 号

图书在版编目（CIP）数据

赢得货币战争 /（美）埃斯瓦尔·S. 普拉萨德 (Eswar S. Prasad) 著；刘寅龙译. -- 北京：新世界出版社，2018.1

ISBN 978-7-5104-6391-4

Ⅰ. ①赢… Ⅱ. ①埃… ②刘… Ⅲ. ①人民币汇率－研究②人民币－金融国际化－研究 Ⅳ. ① F832.63 ② F822

中国版本图书馆 CIP 数据核字 (2017) 第 209758 号

赢得货币战争

作　　者：[美] 埃斯瓦尔·S. 普拉萨德（Eswar S. Prasad）
译　　者：刘寅龙
策　　划：中资海派
执行策划：黄　河　桂　林
责任编辑：贾瑞娜
特约编辑：闵耀洋　乔明邦
责任印制：王宝根　胡小瑜
出版发行：新世界出版社
社　　址：北京西城区百万庄大街 24 号（100037）
发 行 部：(010) 6899 5968　(010) 6899 8705（传真）
总 编 室：(010) 6899 5424　(010) 6832 6679（传真）
http //www.nwp.cn　　http: //www.newworld-press.com
版 权 部：+8610 6899 6306
版权部电子信箱：frank@nwp.com.cn
印　　刷：深圳市东亚彩色印刷包装有限公司
经　　销：新华书店
开　　本：787mm × 1092mm　1/16
字　　数：240 千字
印　　张：17
版　　次：2018 年 1 月第 1 版　　2018 年 1 月第 1 次印刷
书　　号：ISBN 978-7-5104-6391-4
定　　价：58.00 元

特别鸣谢

埃斯瓦尔·S. 普拉萨德在研究与创作本书的过程中，

听取了几十位全球顶尖专家建议，并融入本书内容（排名不分先后）：

周小川（中国人民银行行长）

易　纲（中国人民银行副行长）

胡晓炼（中国人民银行前副行长）

马　骏（中国人民银行研究局首席经济学家）

林毅夫（世界银行前高级副行长、首席经济学家）

刘　鹤（中央财经领导小组办公室主任）

姚　洋（北京大学国家发展研究院院长）

黄益平（北京大学国家发展研究院教授）

余永定（中国社会科学院学部委员）

张　斌（中国社会科学院研究员）

罗　平（中国社会科学院教授）

吴晓灵（中国人民银行原副行长、国家外管局原局长）

朱　民（IMF 前副总裁、中国银行副行长）

李若谷（中国进出口银行前董事长、行长）

金立群（亚洲基础设施投资银行行长）

方星海（中国证券监督管理委员会副主席）

本·伯南克（美国联邦储备委员会前主席）

劳伦斯·萨默斯（美国前财政部长、哈佛大学教授）

罗伯特·鲁宾（美国前财政部长）

肯尼斯·罗格夫（哈佛大学教授）

马克斯·查蒙（IMF 研究部主任）

拉格拉迈·拉詹（芝加哥大学布斯商学院金融学教授）

穆罕默德·埃尔埃利安（太平洋投资管理公司前首席执行官）

权威推荐

姚　洋

北京大学国家发展研究院院长

普拉萨德是一位经验丰富的中国问题专家。关于中国的经济走势，他总是能够从一个独特视角提出与众不同的观点。本书再次验证了他在这方面的能力。

江　涌

国家战略研究中心研究员

人民币国际化好比是树上的果子，果子长得好不好，要看土壤和树的情况。普拉萨德教授是货币问题和中国问题的双料专家，他这本书为人民币国际化诊断了土壤和树的情况，展望了人民币国际化的未来。他的工作非常扎实，本书对任何一位关心人民币国际化的读者都是难得的参考书。

本·伯南克（Ben S. Bernanke）

美国联邦储备委员会前主席、布鲁金斯学会名誉客座教授

本书出自国际金融领域的顶级专家之手。它明确阐述了中国要让人民币成为全球货币所必须采取的手段。

肯尼斯·罗格夫（Kenneth Rogoff）

哈佛大学经济学教授

对于中国金融发展路径的走向，尤其是人民币对未来国

际金融市场的影响，本书做出了清晰而全面的评述。无论是对中国金融政策感兴趣的学生，还是亟待破解中国发展模式内在风险的投资者，抑或想更好地应对中国崛起的决策者，本书都将成为他们的良师益友。

穆罕默德·埃尔埃利安（Mohamed El-Erian）
安联首席经济顾问、太平洋投资管理公司前首席执行官
畅销书《碰撞》（*When Markets Collide*）作者

通过将货币历史、国际经济及对中国独一无二的深刻认识巧妙地融为一体，从历史、现代和未来三重视角，埃斯瓦尔·S.普拉萨德对中国在全球货币市场中扮演的角色进行了极具震撼力的全面综合解读。

罗伯特·鲁宾（Robert Rubin）
美国前财政部长
美国对外关系委员会（Council on Foreign Relations）联合主席

这是一部观点深邃、透彻、不偏不倚的金融专著。作为中国经济方面的国际顶级学者，普拉萨德将人民币为何，以及如何成为全球重要储备货币的历程呈现在读者面前。

劳伦斯·萨默斯（Lawrence Summers）
美国前财政部长、哈佛大学第27任校长

人民币及其走势将成为决定未来10年全球格局的一个重要因素。在这部具有强烈现实指导意义的论著中，埃斯瓦尔·S.普拉萨德回顾了人民币的历史，解析其当下，展望其未来。毋庸置疑，本书是一部关于人民币的代表性巨作。

描述人民币的权威著作

劳伦斯·萨默斯
美国前财政部长、哈佛大学第 27 任校长

中国的货币，即人民币正以疾风骤雨之势席卷全球。它已然成为一种重要的国际货币，并在国际贸易和金融中得到越来越广泛的使用。国际货币基金组织宣布，自 2016 年 10 月起，人民币正式成为其官方的主要储备货币之一。对于价值尚不是完全由自由市场决定，并且无法在国际间自由流通的人民币来说，这一步至关重要。

《赢得货币战争》一书记录了人民币的异军突起，描述了中国如何采取独特的措施，成功增强人民币的国际影响力。它为读者揭示中国不断增强的经济实力、持续扩张的国际影响力与人民币崛起之间的紧密联系，并详细分析中国政府是如何共同推进这三者前进的。

中国的经济规模已然逼近了美国，那么，稳步前进的人民币能够取代美元成为全球首要的储备货币吗？本书认为，人民币想要获得支配地位，仍然面临着诸多限制。虽然它会削弱美元的国际影响力，但目前仍无法动摇美元在国际金融中的统治地位。尽管如此，在接下来的很多年里，人民币将依然保持迅猛的发展势头。

任重道远，人民币崛起之路

前 言

对已经不习惯于用理性思维认识中国（大清帝国）事务的读者来说，我只希望你们相信，我绝非中国人的崇拜者。相反，我非常清楚大清帝国这个国家及其政府的致命缺陷。我们至少要了解这种文明，并客观看待它，因为只有这样，我们才能取长补短……因此，最可取的做法就是客观认识（中国）制度的现实状况，而不是停留在昔日的印象中——继续把中国当做打发闲暇时光的笑料，或是反衬所谓西方进步的辱骂对象。

——《“常胜军”》（*The ‘Ever-Victorious Army’*）

安德鲁·威尔逊（Andrew Wilson），1868 年

今天，中国已成为全球第二大经济体。2015 年，中国的国内生产总值（GDP）达到 11 万亿美元，相当于全球 GDP 的 15%，仅次于 GDP 达 18 万亿美元的美国，位居全球第二位。此外，中国也是全球贸易最重要的参与者之一，在全球商品贸易额中占据的份额为 12%。除上述两方面因素外，中国在其他维度上对世界经济的影响力也与日俱增。目前，中国外汇储备占全球外汇储备总额的 30%左右，并在 2008 年金融危机以来的全球 GDP 增长中贡献了 1/3 的份额。总而言之，中国是一个大国（图 I.1）。

尽管中国拥有强大的经济实力，但人民币的国际地位显然与其经济地位不相匹配。在全球六大经济体的货币中，人民币直到最近才成为世界经济舞台的重要一员。而美元、欧元（使用范围包括法国和德国这两个属于世界六大经济体的国家）、日元和英镑这四种货币早已奠定了它们在世界金融体系中的重要地位。

最近几年，中国政府采取了一系列措施，积极扩大人民币的全球化使用，希望以此将人民币推升到全球精英货币的行列。中国既没有实行完全市场化的汇率政策，又没有开放资本账户。这两个方面限制了人民币在全球市场上的使用。即使如此，考虑到中国经济体的庞大

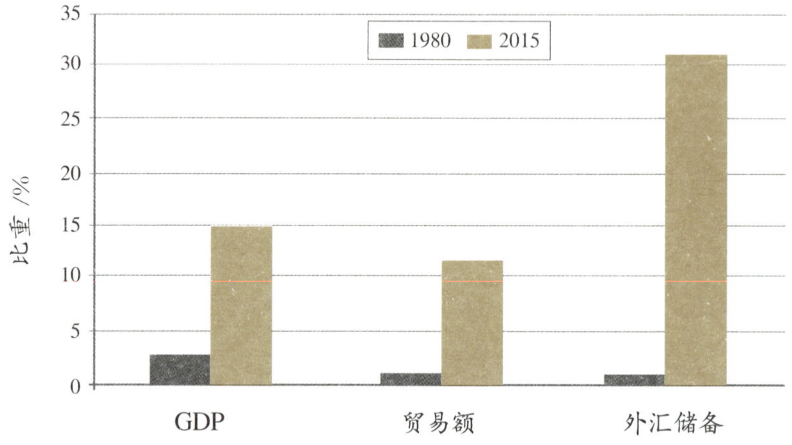

图 I.1 中国三项数据占世界经济的比重

资料来源：国际货币基金组织（IMF）、中国人民银行及世界贸易组织（WTO）
注释：表中数据均为 2015 年数据。GDP 按市场价格计算。贸易额指商品贸易（仅包括商品）。中国在全球商品及服务贸易总额的比重为 11%。外汇储备数据从 1989 年开始计算。

体量及其占全球 GDP 和贸易总额的比重，中国政府最近几年采取的措施还是起到了立竿见影的效果。

本书介绍中国在推动人民币作为国际金融市场主要货币方面取得的进展。毋庸置疑，在一个相对短的时期里，人民币在这方面取得了突飞猛进的进步，但远不能就此判定过去几年的这种趋势还会持续下去。诚然，即便中国停下迅猛的前进脚步，也不会影响人民币作为全球主要货币的地位。但如果中国政府不能在更大的范围内推行改革，那么人民币的潜力就无法得到充分展现。

这本书讲什么

尽管中国早在 2 000 多年前就开始使用某种形式的货币，且是世界上第一个使用纸币的国家，但人民币的诞生还只是 1949 年的事情。在本书的第 1 章里，我们简单回顾中国纸币的演化史。中国纸币雏形出现于公元7世纪的唐朝，由此追溯至今，历经诸多波折。即便是人民币在当下的起伏波动，也足以演绎出一部丰富多彩的历史。

不过，围绕人民币，坊间大量传闻皆有言过其实之嫌。部分评论人士甚至走向极端，称人民币将取代美元成为主导性国际货币（The Dominant International Currency）。然而，尽管此类预言颇得人心，但它们往往混淆了货币在国际金融体系中扮演的特殊角色。

第2章，我们从彼此相关联但截然不同的三个方面，解读人民币在全球货币体系中的地位。

> 第一个方面，“资本账户的可兑换性”折射出中国对金融资本流入及流出的限制程度，而这些金融资本是人民币与其他货币兑换的中介。完全开放的资本账户无法限制跨境资本流动。
>
> 第二个方面体现为人民币国际化，即把人民币作为跨境贸易和金融交易的计价和结算货币。换句话说，就是将人民币用做国际交易媒介。
>
> 第三个方面体现为人民币是否被用作储备货币，也就是说，作为其他央行为平衡国际收支危机的一种保护措施。

在本书的其他章节中，我们将在统一的理论框架下，评价上述三方面内容，并从两个维度展开分析：首先是从中国国内经济发展的均衡性和可持续性；其次是从人民币对国际货币体系的影响，包括对美元及其他现有储备货币的潜在影响。

第3章，从中国政府对资本流动限制政策的调整、外商投资和对外投资的实际水平等角度，讲述中国开放资本账户的演化历史。至于中国开放资本账户的原因和方式，这本身就是一个耐人寻味、令人好奇的故事。

只要提到人民币，人们自然就会想到它与其他货币的相对价值，换句话说，就是人民币汇率。人民币汇率始终是很多西方国家政府诟病的话题。比如说，美国政客和政府官员经常抱怨，中国在刻意通过人民币贬值来提振出口，进而不公正地夺走了美国的就业机会。

第 4 章深入解析中国货币政策背后的事实及演进方式。

虽然中国对资本流入流出均采取限制措施，但人民币还是在非常短的时间内，成为全球金融舞台上的一个重要元素。不过，人民币的地位还需要进一步提升。

第 5 章介绍人民币取得进步的几个领域，也提出，这些进步带来的影响力是有限的。尤其需要强调的是，不应该过分夸大人民币的国际影响力。

第 6 章讨论人民币作为国际储备货币地位的迅速提升。考虑到中国既未实行弹性汇率也未开放资本账户，而这两点一直被视为成为储备货币的必要前提。因此，现在谈论人民币作为储备货币这个话题似乎还为时过早。与其他很多经济问题一样，在这个问题上，中国或许也打破了常规。作为世界上最重要的多边金融机构，国际货币基金组织最近破天荒地将人民币指定为官方储备货币。这就引出了另一个话外音——或许存在某种幕后推力，造成了这个结果。

第 7 章暂时撇开当下新背景，回归国际金融领域的一个重要传统理论：货币的“避风港”效应。这是由单纯储备货币引申而来的一个概念。从储备货币的角度来看，它应该是投资者在全球危机期间为获得安全感而希望持有的货币，而不是为了追求外币资产组合的多样化或改善投资收益率。

人民币取得全球主导地位的道路，在很大程度上依赖于中国不断增长的经济和金融实力。一旦经济增长大幅放缓或是遭遇金融危机，就有可能改变这种进程。第 8 章讨论有可能让人民币崛起之路偏离正轨的潜在经济风险。事实上，中国为强化人民币的国际地位而采取了诸多政策，譬如开放资本账户，以及强化市场力量对汇率的决定性作用等。然而，如果对某些政策调整处理不当，就有可能导致中国的经济与金融稳定性面临一系列风险。

针对人民币地位的不断崛起与中国在国际金融体系中的权重，还有其与邻国及其他超级大国之间关系的相互影响，第9章从更广义的地缘政治角度进行分析。中国正运用自身金融影响力将其他国家和国际金融机构纳入他的势力范围之内。最终，中国将开始重塑国际金融游戏规则，进而让人民币与其他传统储备货币平起平坐。

第10章对人民币在国际货币体系中日渐醒目的地位和影响力进行评述，尤其针对其对美元及全球储备货币结构的影响。

本书所传达的基本观点并不复杂。简而言之：

> 人民币正在成为一种越来越重要的全球性货币。只要中国不犯错误，进行适当的金融及其他市场化改革，人民币必将成为重要的储备货币，并最终有可能在全球外汇储备中占据10%的份额（相比之下，美元和欧元在目前全球外汇储备中所占的比例分别为64%和21%）。然而，要让人民币成为“避风港”货币，中国还需进行更广泛的体制改革，并最终对政治、司法及公共制度等方面做出重大调整。但这种改革目前还未出现。

在短短几年时间里，人民币一跃成为国际经济舞台上熠熠闪光的明星。在中国货币漫长的发展历史中，这便如白驹过隙般短暂。实际上，在很早之前，一位勇敢的威尼斯旅行家就曾让西方世界关注到神奇的纸币——这个最早起源于中国的发明。

目 录
CONTENTS

经过一日奔波，来到一个大城镇，名为宝应。在这里，百姓对佛像毕恭毕敬，对死者实行火葬，使用纸币。他们皆为大汗的子民。

——《马可·波罗游记》（*The Travels of Marco Polo*）

马可·波罗（Marco Polo）

第1章

前世今生

人民币是怎样炼成的

秦朝	公元前 221—前 206 年
汉朝	公元前 206—公元 220 年
隋朝	公元 581—618 年
唐朝	公元 618—907 年
宋朝	公元 960 —1279 年
元朝	公元 1206—1368 年
明朝	公元 1368 —1644 年
清朝	公元 1616 —1911 年
中华民国	公元 1912—1949 年
中华人民共和国	1949 年至今

表 1.1
中国历史中的主要朝代及政府时间线

按马可·波罗的说法，在13世纪那个时候，中国人的一些做法确实让人感到不可思议。显然，这位著名旅行家在周游中国的旅途中，认为中国区别于其他国家最大的特征，便是使用纸币。他还认为，欧洲人肯定会将这种做法等同于异教徒的仪式。实际上，在当时乃至此后的几个世纪里，使用纸币的想法始终让欧洲人感到百思而不得其解。毕竟，纸币出现在欧洲是几个世纪之后的事情——公元17世纪，欧洲人才开始使用纸币。

其实，中国人最早使用纸币完全符合逻辑，因为纸张就是中国人发明的。作为中国的“四大发明”之一，造纸术出现于汉朝（公元前206—公元220年）(表1.1)。公元105年前后,蔡伦发明了造纸术。当时，蔡伦以太监身份进入皇宫，并最终被提拔为中常侍。某些文献显示，纸张最早出现于汉朝初期，但纸张的大规模生产则要归功于蔡伦发明的造纸术。在这个领域，中国人的发明不只有造纸术，他们随后发明的木版印刷和活字排版技术也比古滕伯格的印刷技术足足提前了400年左右。后两项发明分别出现在唐朝（公元618—907年）和宋朝（公元960—1279年），它们为纸币的大规模生产提供了重要的技术条件。

早在唐朝，中国就已经开始使用一种被称为“飞钱”的纸币，这也可被视为人类历史上最早的纸币雏形。这种纸币在本质上就是现代意义上的存单：为免除携带金属货币带来的不便，商人将金属货币或商品留在钱庄做抵押，然后从钱庄取得这种纸币外出经商。“飞钱”的表面含义就是“飞动的钱币”。这个名字一方面体现出，这是一种印刷在纸上的钱，不同于金属货币，一股风就可以把这种纸钱吹走；另一方面也说明，这种纸币的流通速度远远高于金属货币。这种纸质的钱币在某些地区的市场上流通并被接受，但流通量和流通地域非常有限。

直到宋朝，纸币才开始得到广泛使用。在宋朝初期，市场上流通的主要货币是具有一定价值的铜币，这也是最主要的货币形式。然而，在四川地区，随着商业规模的不断扩大和商人财富总量的增加，重量较大的铜币不仅严重妨碍商品交易的进行，而且根本就不适用于大宗交易。

公元 10 世纪左右，在四川成都，出现了一种被称为“交子”的钱币（字面意思就是“可交易的货币”），类似于唐朝的存单。随着货币的使用逐渐渗透到社会各阶层，以及经济活动的各个领域，人们对货币的需求不断增长，导致当时社会上出现了严重的“钱荒”。到 1160 年，出现了一种被称为“会子”的纸币，但只有政府才能发行这种纸币。也就是说，原来由私人钱庄发行可交易货币的权力，全部集中到了政府手里。宋朝官方大力推行这种货币的使用，并在安庆、成都、杭州和徽州等地开办了几家由政府经营的造币厂。据史料记载，按照当时的标准看，这些工厂雇用了大量工人。仅在 1175 年，杭州造币厂就雇用了 1 000 多名劳工。

“盐铁之议”：谁来发行货币

宋朝政府禁止使用私人发行的货币，其理论依据是，只有政府才能保证稳定、可靠的货币供给，从而为经济活动提供支持。但这项规定也引发了争论。实际上，早在只流通金属币的汉朝，政府的货币发行职能就已成为争论的焦点。针对货币的社会作用，以及货币发行特权归属的早期讨论，出现在汉朝，即所谓的“盐铁之议”。这些讨论出现在公元前 80 年左右，会议场所限制在皇宫范围，参与者是代表各个领域的 60 多位学者。作为一场针对当时国家政策的辩论大会，本质是对汉武帝时期推行的各项政策进行总体评价，因而其涉及面甚广，但核心是政府与民间管理国家经济的职责。

当时，很多儒家学者认为，最好应避免由政府独揽国家的铸币大权，因为这会导致政府毫无节制地滥用铸币权。主张减少政府干预经济的学者认为，市场本身会迫使货币的私人发行者主动维持货币价值，并提出政府造福于民的方式应该是“外不障海泽以便民用，内不禁刀币以通民施”。

但负责财政和金融事务的政府官员则坚持相反的立场，而且他们的观点也得到了一批学者的赞成。这一派主张，政府独揽铸币权最有利于保证货币价值的稳定，而币值稳定是经济繁荣的基础。即便是大力宣扬自由放任经济政策的汉朝著名史学家司马迁也认为，发行货币是政府无可争议的特权。他耗时 13 年，完成记述中国上下近 3 000 年历史的巨著《史记》，并成文于 2.1 万片竹简之上（当时尚未发明纸张）。

在《史记》中，司马迁借助前车之鉴提出警告，让私人肆意铸币将导致货币价值被人为操纵、经济被肆意玩弄。汉武帝手下的御史大夫桑弘羊也坚决主张由政府垄断铸币权。在桑弘羊看来，如果由皇帝统一控制国家的货币，百姓就不会有心思再去服侍其他主人。而且统治者统一发行货币，人们自然也就不会怀疑货币的真伪了。

进入宋朝，汉朝的货币大论战再次成为焦点。只不过，这一次政府无须再担心纸币发行权，因为它已经告知天下，只有政府才有能力保证金属货币与纸币维持稳定的价值比。

当时这场针对货币问题的大辩论，还隐含着另一个问题。宋朝学

资料来源：布里奇曼图片公司（Bridgeman Images）授权提供。

图 1.1
马可·波罗在汗八里的皇宫宫殿里，由 Angus McBride 绘制

者对纸币本身的看法也不相同。宋朝史学家、政治家叶适曾批评纸币就是一文不值的“空钱”。他的意思是，如果不适当控制发行量，就会导致通货膨胀一发而不可收拾，进而降低民众收入水平，阻碍经济发展。和其他很多人一样，叶适认为铜钱才是最主要的货币，即“母币”，而铁币和纸币是“母币”的“子孙”，或者说，是衍生出来的货币。当时的很多人赞同叶适的观点——只有金属货币才是有价值的储备。但他们也认同，只要政府严格控制发行数量，纸币是行之有效的交换媒介。史学家邱俊的观点得到了宋朝政府的普遍认可：只有采用多种形式的货币，才能发挥其诸多职能。

最终，铜币短缺和纸币泛滥导致货币价值不稳定，这成为宋朝败落的重要原因之一。随着宋朝与北部女真部落之间的冲突不断升级，军费需求大大增加，进一步加剧了这些问题。汉朝儒家学者及宋朝知识分子都曾担心，政府独揽货币发行权会不可避免地导致货币滥发，造成经济混乱。这种担心得到了验证。实际上，这种影响已经超越经济范畴，并最终导致宋朝走向灭亡。战败的宋朝被迫放弃中国北方的核心领地，逃到南方。最终，宋朝终结于蒙古帝国第五代大汗、开国者成吉思汗之孙忽必烈之手。在征服了宋朝的南方领土之后，忽必烈建立了元朝，并成为中国的最高统治者。

神奇炼金术：世界上最早的法定货币

在公元 13 世纪的忽必烈王朝，威尼斯人马可 · 波罗来到中国（图 1.1），他在这里发现了一种新的“炼金术”——它甚至比把普普通通的金属变成黄金更神奇。他听说了一种神奇的钱——用纸做成，而且不需要以贵金属库存为基础。这种炼金术出现在元朝的都城大都，突厥语中称为“汗八里”（意为“大汗之居处”），也就是今天的北京。在马可 · 波罗的游记中，他写道：

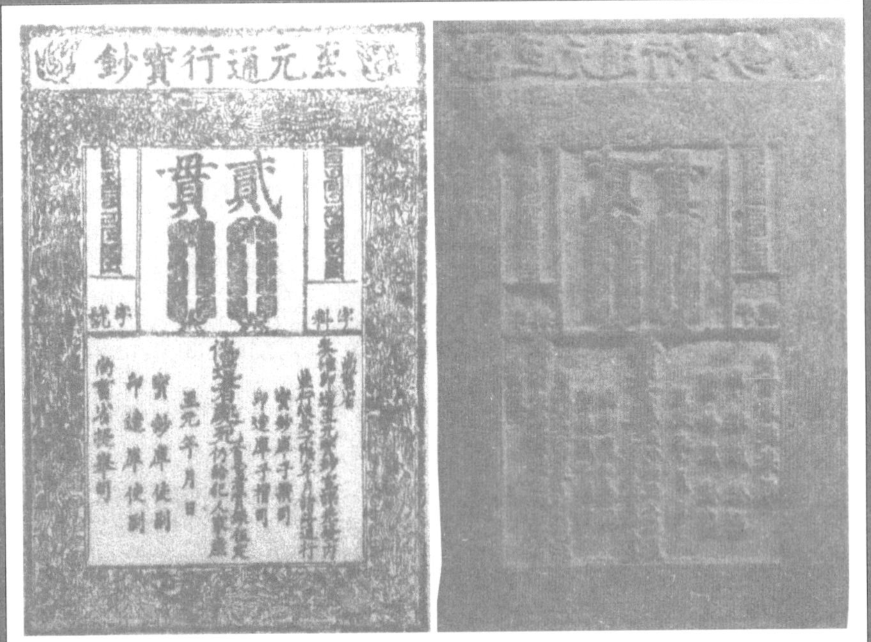

资料来源：PHGCOM，经 Creative Commons 机构取得。

注释：这种流通券被称为“至元通行宝钞”。纸币下面文字的意思是，该流通券可在各省份流通，且无到期日；伪造者将被处以死刑；向官府举报伪造行为的人可获得 5 块银元，且伪造者的全部财产均归举报者所有。

图 1.2
元朝的流通券及印版

> 汗八里城中有一个大汗的造币厂。在那里，大汗用严格的工序制造货币。据称，他们确实拥有炼金术士的神秘手段……这种纸币的制造必须由政府批准，在形状和工序上完全与制造真金白银一样……经过这些程序，纸币获得通用货币的地位。所有伪造货币的行为，均会受到严厉惩罚。因此，在这种纸币被大量制造出来之后，便可以流通于大汗领土上的每一处，任何人都不敢冒生命危险而拒收这种货币。他的所有臣民都会不加思考地接受这种纸币，因为在他们收到这些纸币后，就可以用它们再去购买自己需要的任何商品。总之，用这种纸币可以买到任何物品……大汗的所有军队都用这种纸币发饷，他们认为它与金银等值。基于上述原因，有一点或许可以明确，大汗对财产的支配权远远超过世界上的其他任何君主。

马可·波罗看到的货币印刷在由桑葚树皮制成的纸张上。元朝政府最初使用木版印刷印制这种纸币，随后改为铜版印刷。各种形状的流通券均被称为“钞”（图 1.2）。

尽管纸币早在宋朝就已经开始被使用，但纸币和法币的发明还要归功于忽必烈。和当代国家的货币一样，元朝政府发行的货币不以任何贵金属或有形商品为依托。因此，尽管货币本身没有内在价值，但作为交换媒介依旧被普遍接受。

由此可见，这种货币属于不兑现货币，是依靠国家强制力而发行的，而且仅由发行这种货币的政府提供担保。这个创新的出现有其必然性和必要性，因为铜本身就很稀缺。在贸易规模不断扩大的时代，铜很难满足制造金属货币的需求，而且以铜为主的青铜合金被大量用于制造雕像及其他物品。因此，铜供给非常紧缺。此外，忽必烈还把他们的货币变成法定货币，换而言之，这是一种由法律认可的官方支付媒介。在债务人用其来偿还借债或其他金融债务时，出借人必须接受。在忽

资料来源：摘自《威尼斯人马可·波罗关于东方奇国之书》（*The Book of Ser Marco Polo: The Venetian, Concerning Kingdoms and Marvels of the East*，Henry Yule. London: John Murray, 1903），布里奇曼图片公司（Bridgeman Images）授权提供。

注释：最上面一行文字为纸币的名称（“大明通行宝钞”）。中间方框内文字的意思是该纸币可在各省流通。下面方框内文字的意思是，伪造纸币者将被处以死刑；向官府举报伪造者将获得250两银子的奖励，且伪造者全部的家产归举报者所有。

图 1.3 明朝的纸币

必烈的统治下，纸币被广泛采用是依赖政府的声誉，当然，对拒不接受者给予肉体惩罚的作用或许也不能忽视。

在忽必烈于 1294 年去世之后，元帝国逐渐陷入混乱，其繁荣也成为过眼烟云。政府肆无忌惮地发行纸币削弱了人们对元朝货币的信心，并使纸币的流通陷入僵滞，甚至导致以物换物的商品交易方式再度兴起。瘟疫、干旱和洪水等一系列自然灾害造成了数百万人的死亡，饥荒蔓延，民众怨声载道。经济管理的不当，暴动频发，进一步加剧了危机，并最终导致元朝灭亡。

作为一名高产作家，美国历史学家亚历山大·德尔玛（Alexander Del Mar）是美国财政部统计局的第一任主编。在 1885 年创作的《古往今来的国家货币史》（*A History of Money in Ancient Countries*）一书中，他认为，缺乏货币约束性是造成元朝衰落的重要因素之一：

> 尽管人口和贸易额大幅增长，但远远落后于纸币的发行速度，因此，一个不可避免的结果就是货币贬值。在这种情况下，货币对人口和贸易增长所具有的积极效应，现在却因其过度增长而造成了恶性后果……货币总量增长过快，彻底颠覆了旧的社会秩序。整个国家民不聊生，权力纷争此起彼伏，国家陷入混乱之中。

元朝灭亡之后，随之而来的是明朝（公元 1368—1644 年）。明朝在 1368 年开始发行流通券，直至 15 世纪中叶（图 1.3）。在此时期，金属币和纸币同时使用，但以纸币为主。然而，政府不加约束地发行纸币，很快就造成了恶性通胀，侵蚀了纸币的购买力，也使商人越来越不愿意接受纸币。最终，纸币被彻底废弃，银币和铜币逐渐成为商业往来中唯一被接受的支付手段。

清朝（公元 1644—1911 年）政府直到 1853 年才发行纸币。当时，政府急需为镇压太平天国运动筹措军饷。太平天国运动从 1850 年延续到 1864 年，清政府在此期间发行的银行券以白银和铜为基础。

清政府在第二次鸦片战争（公元 1856—1860 年）中战败后，各国政府纷纷开始在中国的贸易口岸开设银行，发行自己的银行券。清政府最初并没有提出异议，但他们很快就意识到，这种行为实际上就是外国列强在经济上的侵略。国家主权和利益就此落入外国人之手，而货币就是外国人掠夺中国的武器。

最终，清朝皇帝光绪与西方列强展开了一场货币控制权之争。他批准创建一家由上海商人经营的银行。1897 年，中国通商银行成立。次年，它成为第一家发行纸币的现代中国银行。但清政府随后又设立了其他发行纸币的银行，导致市面上同时流通多种银行券，使得政府很难维持货币系统的稳定。为解决这个问题，1905 年，清政府在北京设立了第一家国家性银行——户部银行，后改名“大清银行”，以期对政府财政和货币体系进行更有效的调控。大清银行是唯一拥有制造金属币和发行纸币特权的银行，并负责管理政府资金。尽管这对稳定货币发挥了一定作用，但这种作用几乎是昙花一现。

货币战场上的“抗日战争”

1911 年，辛亥革命推翻了清王朝，随之而来的是政治、经济的剧烈震荡和连绵不断的内战。各省政府和金融机构纷纷开始发行自己的纸币。不过，这些纸币的使用范围非常有限。

1912 年，以革命派姿态出现的同盟会改组为国民党，并逐渐发展成为当时中国最大的政治党派。1925 年，孙中山逝世，蒋介石在几年以后，接过中国国民党[①]的指挥棒。到 1928 年，蒋介石已基本将大部

① 中国国民党是孙中山先生所创建的一个中国政党，其前身最早为成立于 1894 年 11 月 24 日的兴中会，而后依次被改组为中国同盟会、国民党及中华革命党，1919 年 10 月 10 日经孙中山改组后改为现名。——译者注

分地区的军阀势力笼络到一起。1928 年 11 月，中国国民党政府建立了中国第一家正式的国家银行——中央银行，并将其总部设在上海。中央银行拥有发行金属币和纸币、开展外汇交易、发行政府债券等权力。其他私人银行或国有银行也可发行货币。这些货币同时在市场上流通，但所有货币均以白银储备为基础。也就是说，纸币持有者可以在发行银行将纸币兑换成白银。

1934 年下半年，随着全球白银价格的上涨，大量白银以合法或非法途径流出中国，导致中国的白银储备趋于枯竭。1935 年年初，中国的一些银行的白银储备出现了大幅萎缩，削弱了国家货币体系的基础，并将中国的金融市场推到崩溃的边缘。

1935 年 11 月，国民党政府开始推行“法币改革”，抛弃了以白银储备为基础的货币制度，并指令三家银行发行“法币”(国家指定的纸币)。当时的中央银行、中国银行及交通银行成为最早有权发行“法币”银行券的银行（图 1.4)。随后，中国农民银行也加入了这个行列。也就是说，只有这四家银行有权发行法币。为提升民众对货币的信心，这种法币在原则上可以与当时世界上最主要的储备货币英镑和美元等进行自由兑换。

与此同时，已经侵占了中国东北的日本，加快了侵吞中国领土的步伐。日本人迫不及待地开始它们对中国货币的控制，以此作为经济占领的手段。1938 年，日本设立了“中国联合准备银行”，开始发行与法币竞争的货币。实际上，日本人通过“中国联合准备银行”发行的纸币与法币之间的这场直接对抗，被某些史学家称为“货币战争”。

由于国民党发行的法币可与英镑、美元等储备货币自由兑换，因此，其接受度远超“中国联合准备银行”发行的纸币。为扭转局面，日本侵略者规定，在日本侵占的中国领土上不得流通法币。也就是说，法币必须兑换为“中国联合准备银行”的货币才能使用。随后，日本又在上海开设的外国银行将法币兑换为硬通货。考虑到白银储备下降

资料来源：由伦敦 Waterlow & Sons 造币厂为国民党中央银行印制，扫描件原件由 Faka Handa 拥有，经 Creative Commons 机构取得。

图 1.4
国民党政府发行的纸币——法币

会导致法币大幅贬值，上海各银行开始限制法币对白银的兑换数额，以维护硬通货储备的数量。最初，为维护法币价值，国民党政府还为上海的这些银行提供外汇支持。但这很快就耗尽了政府的英镑及美元储备，进而大大削弱了民众对法币稳定的信心。虽然英国和美国政府也曾在短期内为法币提供支援，但没过多久，法币还是失去了民众的信任。

1941 年，国民党重庆政府与汪精卫南京伪政府之间的货币战争，演变成一场赤裸裸的徒手厮杀。1941 年 1 月，南京汪伪政府建立中央储备银行，并在上海设立分行。该银行开始发行自己的银行券，与国民党的法币针锋相对。在上海，很多银行家被迫与中央储备银行合作。汪伪政府曾邀请上海银行界领袖朱保全加入中央储备银行董事会。遭到拒绝之后，汪精卫派出特务，强行绑架朱保全，并将他关押了 10 天。

一个月后，国民党特务用枪支和自制炸弹袭击了中央储备银行位于上海的分行，并屡次试图刺杀银行官员（有一次得手了）。南京汪伪政府以同样手段做出回应，他们用手榴弹对支持国民党的上海银行发动袭击，并对部分银行员工进行迫害。有一次，汪伪政府特务用炸药炸毁了一座银行大楼，导致 7 人死亡，多人受伤。在这一轮以暴制暴的对抗中，国民党占得上风，但他们也为这场暂时的胜利付出了惨重代价。

随着抗日战事吃紧，为充实军费，国民党政府开始肆无忌惮地发行货币。1937 年，法币的发行量还只有 14 亿元，然而到了 1948 年，其发行量已是一个天文数字——660 万亿元。毋庸置疑，唯一的结果就是物价飞涨。根据一项估计，在这段时期，物价上涨幅度达到 3 500 万倍，这让法币几乎变成一张废纸。

1948 年，为避免恶性通胀导致国家经济崩溃，国民党政府开始发行金圆券。单从表面理解，这似乎应该是一种以黄金为基础的纸币。

但事实表明，国民党政府显然还没有认识到货币政策的严肃性。仅仅在10个月的时间里，金圆券的流通量就增长了65万倍。很明显，政府根本就没有足够的黄金储备作为这些所谓金圆券的价值基础。

尽管国民党政府曾承诺，这种金圆券的最大面额就是100元。但是不到一年的工夫，市面上就出现了面值为100万元的金圆券。与此同时，其他反抗日本侵略的省份也开始发行自己的货币，包括“抗币”[①]和“边币”[②]。1945年，日本侵略者向盟军投降，这标志着日本侵略者对中国的占领就此结束，但这未能使国民党政府和各地方的货币统一起来，因为国民党与中国共产党之间的内战一触即发。

“我愿意收这种新钱”：人民币的诞生

日本侵略者投降后，国民党与共产党之间曾出现了短暂而脆弱的平静，但这种平静只不过是一场全面内战的前奏。1946年，解放战争全面爆发。凭借雄厚的群众基础和高超的军事策略，共产党的军队逐渐占据上风。随着共产党力量的不断壮大，出现了一种以“圆”为面值的纸币。1948年秋天，中国大部分地区已经被中国共产党控制。1948年12月1日，也就是在距离中华人民共和国正式成立不到1年的时间里，中国共产党设立了一个新的金融管理机构——中国人民银行（PBC），负责制定国家货币政策。这样，中国人民银行就成了即将诞生的新中国的中央银行，其职能类似于美国的美联储。中国人民银行是在合并三家银行的基础上建立起来的，这三家银行分别是北海银行、华北银行和西北农民银行。最初，中国人民银行的总部设立在华北银行所在地——河北省石家庄。

中国人民银行成立后不久，即开始发行自己的货币，并将这一货

① 中国共产党领导下华中各抗日根据地银行发行的货币。——译者注
② 习惯上将陕甘宁边区、晋察冀边区、晋绥边区和晋冀鲁豫边区各银行所发行的货币称为“边币”。——译者注

币命名为“人民币”。顾名思义，这种货币是“属于人民的货币”。该货币的命名与共产党的宗旨相一致，即一切都属于人民。与此同时，中国人民银行禁止外国货币、黄金及白银在市场上流通。此外，新的政权也在着手清除由国民党政府发行且依旧流通的银行券。在中华人民共和国于 1949 年 10 月 1 日正式成立时，人民币已缩写为“RMB”，并作为通用货币符号一直沿用至今。

1949 年年初，在共产党领导层中，大部分人倾向于将毛泽东的头像印在中国人民银行发行的第一套人民币上。毕竟，在中国人的心目中，毛泽东就是新中国的奠基人和创始者。但毛泽东拒绝了这个提议。据称，毛泽东当时说：“票子是政府发行的，不是党发行的。我现在是党的主席，不是政府主席，怎么能把我的像印上呢？人民政府成立以后再说吧。”直到 1949 年 10 月，中华人民共和国成立时，毛泽东当选为中央人民政府主席。1954 年，他在第一届全国人民代表大会第一次会议上当选为中华人民共和国主席。

董必武是中国共产党最早的领导人之一，也是新中国的缔造者之一（图 1.5）。和中央人民政府的很多同志一样，当然也包括毛泽东在内，董必武亦长期热爱书法艺术，其书法水平是公认的。作为新中国的第一任财经委员会主任和一位优秀的书法家，董必武的一项重要工作，就是书写所有人民币纸币最上部的“中国人民银行”这几个字。据说，董必武非常重视这项工作。在他看来，这是极其严肃的一件事，容不得半点疏忽。为此，董必武特意沐浴更衣，怀着无比庄重和虔诚的心情，工工整整地写下“中国人民银行”这 6 个字。

相传，在看到 1949 年发行的第一版人民币面世时，毛泽东兴奋异常。他说：“人民有了自己的武装，有了自己的政权，现在又有了自己的银行和货币，这才真正是人民当家做主！”

在第一套人民币发行不久，《人民日报》在头版发表社论指出，新的货币代表了国民党政权的彻底失败。

资料来源：布里奇曼图片公司。、

注释：1949 年 10 月 1 日，毛泽东主席在天安门城楼上宣布，中华人民共和国正式成立。站在他左手边的是董必武（双手相握在前）。

图 1.5 开国大典

> 这一次的统一币制，完全不同于蒋介石的货币制度。蒋介石的目标是制造通货膨胀，为政府掠夺人民创造条件。而这一次的统一，则是让我们的货币体系更简单、更高效，促进商品和生产资料的交换，刺激经济发展。因此，它会有利于整个社会的繁荣……此外，任何人，在任何时候，只要持有新人民币，就能买到任何他们需要的东西。

这里还有一个故事。当时已进入核心领导集体，并在后来成为中国共产党领导核心的邓小平和他的同事陈毅，以及负责上海金融事务的骆耕漠外出吃饭。在用新版人民币向小摊贩购买食物时，他们问道："你愿意收这种新钱吗？"小商贩兴高采烈地回答："我愿意收这种新钱！大家都收这种钱！国民党政府发行的金圆券可不一样，那东西只能放在厕所里当手纸用。但新钱可值钱了，有了这种新钱，什么都可以买到。"尽管其真实性无从考证，但这个故事的意义是明确的，它给民众使用新货币注入了信心，并强调了一种基本政策，即新中国绝不会像以往的政府那样，肆无忌惮地侵蚀货币价值。

据报道，在中华人民共和国于 1949 年正式成立时，中国人民银行行长南汉宸曾私下再次请示过毛泽东，是否可以将毛泽东的头像印在人民币上。毛泽东再次拒绝了。他这样做的原因是：首先，终其一生，毛泽东都憎恨钱财；其次，毛泽东拒绝搞个人崇拜，并认为这种做法是"一种旧社会意识形态的残毒"，他坚定地维护集体领导政策。在当时人的思维中，这的确有点不可思议，因为他们已经习惯于出现在各种公开场合的毛泽东肖像，在他们看来，这就是中国的象征。

历史见证者：人民币的变迁

第一版人民币的面值从 1 元到 5 万元，但大面额人民币纸币在日

图 1.6
第四套人民币纸币，
1987 年开始发行

常生活中的使用越来越不方便。1955 年，中国人民银行再次发行新人民币，并正式将人民币的计量单位规定为“元”。1 元新币兑换 10 000 元旧币，这一币值一直沿用至今。这一套人民币还出现了更小面额的人民币，1 元钱被划分为 10 角钱，1 角钱又进一步划分为 10 分钱。人民币的最小面额为 1 分钱，它相对于英镑的 1 便士。

第二套人民币的面值从 1 分到 10 元不等。所有纸币正面的上部均印有“中国人民银行”字样，纸币背面同时采用蒙古语、藏语和维吾尔语标明面额。1962 年开始发行的第三套人民币又增加了壮语。在纸币正面使用汉语、背面使用其他四种语言的传统也一直沿用至今。

第四套人民币的纸币在 1987 年投入使用。这套货币的纸币采用了不同的设计方案。其中，5 元面值纸币正面是一位藏族女性和一位回族男性；50 元面值的人物是一名炼钢工人、一名农民和一名知识分子；100 元面值纸币则是四位已故中国领导人的侧面头像：毛泽东、周恩来、刘少奇和朱德（图 1.6）。

第五套人民币在 1999 年 10 月开始发行，当时正值纪念中华人民共和国成立 50 周年时期。随即，《老友》杂志发文称：“中国人民始终有一个梦想，就是将毛主席的肖像印在人民币上。这个梦想终于实现了。”现在，所有面值的人民币纸币均为毛泽东的正面画像。

北京市印刷局的一名官员指出，在设计第五套人民币的时候，孔子、李白、岳飞和李时珍等著名历史人物都曾被考虑用做纸币正面的肖像。但是设计人员随后认为，在钞票上使用知名人物的头像有助于遏制伪造，而最为中国人熟知的人物无疑就是毛泽东（图 1.7）。正如一名中国记者在报道中所言：

> 即便是有知识的中国人，也很难分辨出华山、黄山、泰山和衡山之间的差别。中国还有很多文盲，而且人们在文化程度上差异巨大。但有一点毋庸置疑，所有人都认识毛泽东。

资料来源：DnDavis。

图 1.7
第五套人民币纸币，首次发行于 1999 年

奇怪的问题：如何称呼人民币？

今天我们会发现，讨论中国的货币不仅是金融领域的核心，也是各城市日报及各类电视新闻节目的一个热门话题。你肯定会注意到，有些人喜欢将中国的货币称为“人民币”，有些人则干脆称之为“元”。在上文中，我在解释中国货币的发展历程时，同时采用了这两种说法。

它们之间有什么区别吗？尽管两个词经常被混用，但它们的内涵不尽相同。如前所述，作为这种货币的名称，“人民币”的含义在字面上可以理解为“属于人民的货币”；而“元”则是这种货币对商品计价的单位。

如果走进北京红桥的某个商店，你会在二楼遇到热情洋溢的店员，他们会用结结巴巴的英语向你推销某种国际品牌的背包——“只收你 1 000 元（约合 160 美元），绝对最低价”。如果你摆脱纠缠，准备登上最适合外国人的珠宝店三楼时，急切的商家马上会把价格降到 300 元，并神秘兮兮地对你说：“这个价格只给你一个人。”在这个过程中，你根本就听不到有人提“人民币”这个词。

这与英镑的情况类似。英镑（pound）是英国货币的名称，先令（sterling）是计价的单位。但是在伦敦，你看不到“sterling”这个词。假如你走进约克郡的一家酒吧，服务员会递给你一份用英镑，而不是先令标价的价签。

更有趣也更容易令人困惑的是，有些人习惯于将中国货币的数额写成“100 元人民币”（RMB 100 yuan）。这颇有点像“10 美元”的写法（$10 dollars），虽然看上去有点啰唆，但没有任何坏处。

此外，导致问题更复杂的是，在日常生活中，人们在口语中还经常以“块”来代替“元”。在用“块”来表示物品价格时，就像是纽约人用“buck”来代替“美元”，或是伦敦人用“quid”来表示物品的价格。

货币名称问题上的混淆，在一定程度上源于大众媒体的误导。目前对人民币已形成若干习惯说法。在指代人民币时,《华尔街日报》(*Wall Street Journal*),以及彭博和路透等新闻通讯几乎一致在使用“元”这个词。假如我们在《华尔街日报》官网上以“元”为关键词搜索2015年1月1日到12月31日期间的新闻，会得到2 285个条目。而在同期内搜索“人民币”这个关键词，只能得到149个条目。

我曾就这个问题咨询过《华尔街日报》的两名记者。他们说，这是当下的时尚，“大家都熟悉‘元’这个概念，它因此成了我们的首选，但我们也不禁止‘人民币’”。同样，《彭博新闻》(*Bloomberg News*)也习惯于使用“元”。当彭博记者使用“人民币”这个称呼时，文章通常会做出特殊提示:“这是中国货币的另一个名称。”

《纽约时报》(*The New York Times*)的编辑规范在这个问题上用心良苦。“在以往的参考文献中，通常可以不使用中国的音译词。但对中国的货币，在数量上需换算为等额的美元。”但是现在，该规范做出补充说明:“在必要的情况下，可使用‘人民币’一词……通常，‘元’仅限于报价或是对不同人民币金额有多种参照的文章……但在这种情况下，可提供简单的解释，即‘元’是中国货币‘人民币’的缩写。”

因此，即便《华尔街日报》的读者都知道“元”的含义，也需提醒他们“人民币”(RMB)的意思。《纽约时报》的读者都熟悉“人民币”，但要提醒他们“元”的内涵。毫无疑问，这也从某个方面反映了这些报纸的读者认知。

在《经济学人》(*The Economist*)的编辑规范中，他们首先对“元”和“人民币”这两个词的差异进行了说明，以避免记者在使用它们的时候出现歧义:“人民币的意思就是属于人民的货币，它是元的正规用语，相当于先令与英镑的关系。”《金融时报》(*Financial Times*)则喜欢使用“人民币”，人民币与元的使用频率为6:1。但《金融时报》的记者似乎认为，读者应有足够的分辨力，无须过多的解释，即可区分这两个词。

在本书提及中国货币的时候，我的说法似乎有点学术化，即以“人民币”作为中国货币的正规用意，并缩写为 RMB。但在必要的情况下，我也使用了“元”。

相比之下，如果说美元就是“dollar”，我的澳大利亚和加拿大朋友肯定会坚决反对，他们会提出，既有美国美元，还有澳元和加元。实际上，目前全球有 34 个独立国家将本国货币命名为“dollar”，不仅有美元、澳元和加元，还有洪都拉斯元和特立尼达元，而且至少有 6 个国家直接使用美元作为本国的官方货币，包括厄瓜多尔和巴拿马。

在这种情况下，本书取其狭义内涵，即在使用“dollar”时，仅指美国美元，而在用“dollar”指代其他国家货币时，通常会特殊说明。

不过，世界上还没有第二个国家使用“人民币”或“元”作为本国货币的名称。日元及韩元也曾被归入这个类别。这三个国家都使用“元”或“圆”，其本义为“圆形”或“环形”，而且三个国家最初均采用汉语中的同一个字“圆”。今天，它们的货币名称在写法上已不再相同。有趣的是，日元和人民币的货币符号均为“¥”。这一点或许令人费解，“元”这个字并非起源于元朝。实际上，早在公元前 3 世纪到公元前 5 世纪，就出现了被称为“圆钱”（圆形的钱币）的硬币。

在本章里，我们回顾了公元 7 世纪以来的中国纸币发展史。可以看出，其发展在很大程度上与中国经济的步伐休戚相关。自 1999 年新版人民币发行以来，中国货币进化里程中最引人注目的现象，就是它在全球贸易和金融中的地位不断提高，并开始扮演主导性角色。在我们着手对过去 20 年人民币的发展进行分析前，必须理解几个关键性概念。因此，在第 2 章里，我们的视角将从历史转向经济。

因此，我们不妨借用马可·波罗在游记中某个章节的结束语：“现在，让我们换个话题吧。”

秃头老板对沃利（Wally）说：我们的 CEO 想提升你做首席经济学家，因为你说的都是废话。他认为这就是一位伟大经济学家的特点……

第二天，我们的首席经济学家沃利，将为我们预测下个季度的情况。

沃利：衍生品的汇率将触发一轮货币贬值政策，并让日元贬值。

秃头老板：我完全同意，而且没有任何异议。哇，他太棒了。

——《呆伯特漫画集》（*Dilbert*）

斯科特·亚当斯（Scott Adams）

第 2 章

大国博弈的工具

货币对民族精神的影响方式是复杂的。首先，它象征着一个国家的实力，帮助一国在经济竞争中施展拳脚。通过增加货币供给来降低该货币的价值，通常会导致通货膨胀，并削弱这种货币的购买力，因而不是一个健康、运转良好的政府的标志。然而，在国际贸易和国际金融中，问题却不这么简单。在这些领域，不仅要考虑一种货币的国内价值，更重要的是考虑它在国际市场上的价值。有的时候，降低本国货币相对于其他货币的价值，实际上有助于拉动出口，进而抵消国内需求疲软带来的影响，并提高本国的 GDP 增长率。

作为衡量货币国际市场价值的标准，汇率决定了这种货币在国际金融市场中的地位，是体现其作用的核心要素。但汇率也有可能令人困惑。我还记得，我在芝加哥大学的博士论文导师罗伯特·卢卡斯（Robert Lucas）曾在课堂上提到，他经常被汇率问题搞得稀里糊涂。卢卡斯在 1995 年获得诺贝尔经济学奖。像卢卡斯这样的经济学大师尚且如此，其他人又怎敢奢望能完全搞清楚汇率呢？当然，卢卡斯有自己更好的办法解决这个问题。在汇率这个主题上，他的学术论文成为奠基性指南。当然，写出开创性学术论文并不是大多数人的选择。因此，在深入讨论人民币之前，我们不妨避开复杂的学术理论，简单认识一下货币的运行机制。

“看不见的手”：汇率存在的意义

汇率是本国货币相对于外国货币的价格。这种比率通常表示为购买单位外币所需要的本币数量。2016 年 6 月，最受关注的汇率——人民币对美元汇率为 6.6 元人民币 / 美元。当然，人民币对其他货币也存在双边汇率。

供求规律不仅适用于苹果和橘子，也适用于货币。实际上，由于汇率是一种相对价格，因此汇率的计算也需要苹果与橘子那样的比较。当对一种货币的需求增加时，这种货币的价格就会上涨。因此，当人民币对美元汇率从 6 元人民币兑换 1 美元降低到 5 元人民币兑换 1 美元时，表明人民币相对于美元的价格变得更贵。人民币的升值意味着，兑换 1 美元所需要的人民币数量更少。或者从另一方面说，每 1 元人民币可以兑换到更多美元（从 0.17 美元增加到 0.20 美元）。

本国货币的升值，或者说本币相对于其他货币的升值有利于消费者，因为本币的升值意味着外国商品的价格更低，从而提高了家庭收入的总体购买力。在上述例子中，如果一名中国游客现在来到纽约市，可以用 2 000 元人民币预订一套 400 美元的宾馆房间（按 5 元人民币兑换 1 美元），但以前预订这套房间则需要支付 2 400 元人民币（按 6 元人民币兑换 1 美元），这绝对是一个可观的折扣。

然而，货币升值也会带来问题。海外廉价进口商品会殃及本国的制造商，因为面对咄咄逼人的进口商，他们要么通过降价维持竞争力，要么拱手让出市场份额。出口商则会发现，按本币计算的利润会减少。此外，他们还要面对市场份额被压缩的威胁。

比如说，一家中国纺织品企业按 10 美元（60 元人民币）的单价向美国出口服装，这套服装在曼哈顿盖璞（GAP）商场里的售价为 75 美元。当人民币对美元的汇率从 6 元人民币兑换 1 美元升值到 5 元人民币兑换 1 美元时，如果制造商要将这套服装的价格继续维持在 10 美元，其收入就会从60元人民币减少到50元人民币。但是削减工人工资，会影响到员工士气，甚至还会降低工人的工作效率。而且为维持营运资金而支付的银行贷款利息也不会减少。当然，厂商可以提高产品价格，但这就会降低产品的竞争优势。因此，如果孟加拉国或越南能提供替代品的话，盖璞也自然会转向它们。

汇率确实容易引起歧义，即便是学识渊博的人在弄清分子和分母时也要费点工夫，因为汇率的计算与我们的直觉认识正好相反：当汇率下降时，表明一种货币出现了升值（购买单位外币所需要的本币数量减少）。如果外汇交易商不采取传统报价方式（单位外币对应的本币数量），而是采取其他某种报价方法，就会让汇率问题进一步复杂化。人民币对美元的汇率往往指每1美元对应的人民币数额，而英镑对美元的汇率通常指1英镑对应的美元数额。

汇率管理困境：升值还是贬值

一国货币的坚挺程度与其经济实力息息相关。从长期来看，一种货币的汇率往往依赖于该国生产增长率与其主要贸易伙伴国生产增长率的比率。一国生产增长率的提高，会强化其货币的国际地位。但这种由标准理论经济模型而来的实证关系，仅存在于十年甚至更长的时期。在短期内，资本流动、利率及商业周期等因素也会对汇率产生影响。此外，由于汇率是金融变量（一国的货币）之间的相对价格，因而其价值也会受到投机因素的影响，而这些投机力量往往与经济基本面不完全对应。

进入21世纪的第一个10年，中国经济快速增长，吸引了大量的海外私人资本流入。此外，中国还持有巨大的贸易盈余。它向其他国家出口的商品和服务远超过其他国家对中国出口的商品和服务。当货币以出口收益或外国投资者的资本流动的方式进入一个国家时，便对本币产生了巨大的需求。出口商必须以本币支付工人的工资和供应商的采购款。因此，上述案例提到的中国纺织出口商需要将盖璞商场支付的美元，通过银行在外汇市场上兑换为人民币。投资项目也是一样，因为建筑材料、劳动力和土地成本都需要以本币支付，所以当国内出口商将出口收到的资金带回中国时，就会增加对人民币的需求，从而推高人民币价格。

为抵消货币升值带来的负面影响，作为中国的中央银行，中国人民银行（图 2.1）就会主动卖出本币，并买进易于交易并被世界各国广泛接受的货币，譬如美元。通过抛出本币，中国人民银行就可以增加人民币的市场供给，满足市场对人民币的需求增长。这不难做到，因为中国人民银行拥有发行人民币的权力，按照市场需求印发钞票也是其分内之事。在外汇市场上，这种“干预”会限制本币的升值，进而限制进口、推动出口，改善本国的国际贸易差额。

在外汇市场完成这种干预性操作之后，中国人民银行必须为换取的外汇寻找具有足够安全性和流动性（易于交易）的投资。满足央行标准的外汇投资通常为美国、欧元区、日本、英国及瑞士等主要发达经济体发行的政府债券。这些投资构成了一国的外汇储备。一国的储备资产还可以包括黄金等其他资产，但外汇储备目前占中国全部国际储备约 98%的份额。

央行对外汇市场还可以进行反向干预，以防止本币出现贬值。尽管货币贬值有助于一国的出口商，但也会导致进口商品价格过高。对一个严重依赖进口的国家，剧烈贬值有可能带来麻烦。为抵消货币贬值的副作用，一国可在市场上出售外汇储备，买入本币，从而推高市场对本币的需求，抑制本币的贬值。

对货币价值的管理是一门异常复杂的艺术。由于美元、欧元和日元等主要货币相互间可自由兑换，因此，人民币的管理只需参照其中的一种货币即可。长期以来，中国始终以美元作为管理人民币的基本

资料来源：AP Photo/Mark Schiefelbein。

图 2.1
中国人民银行总部

参照物。因此，人民币相对于欧元的价值涨跌，与美元对欧元的走势保持一致。同样，人民币对日元的走势基本与美元对日元的走势保持同步。中国的决策并无特殊之处。大多数对货币价值进行管理的国家，尤其是亚洲国家，均以本币对美元的汇率为基准——这也从另一个侧面体现了美元在全球金融体系中的重要性。

无论是在中国还是其他国家，人民币对美元的汇率均受到广泛关注。但是从经济视角看，仅以它来衡量人民币的价值显然还不完整，有时甚至会引起误解。毕竟，在中国的商品出口总额中，以美国为目的地的比例为 18%左右。在人民币对其他主要货币汇率上涨的情况下，中国出口商并不会因人民币对美元汇率下跌而收益巨大。2015 年上半年的情况就说明了这一点。在美国经济持续复苏，而其他国家，尤其是欧洲及日本经济持续疲软的背景下，美元对其他所有主要货币实际上都在升值。这意味着，中国的出口商在约 4/5 的出口市场中，正在丧失价格优势。

从理论上说，中国要维持出口价格及进口成本优势，其根本取决于中国的贸易在主要贸易伙伴中的分配，以及人民币对这些国家货币的汇率走势。在中国的全部商品贸易（包括商品的出口和进口）中，约 14%是以美国为对象。因此，这可以从一定程度上体现人民币与美元汇率对中国经济的影响程度。

以贸易额为权重的有效汇率（effective exchange rate），可以从更全面的角度体现人民币的价值变化。有效汇率是一个指数，衡量了人民币相对于所有主要贸易伙伴的价值变化，它是以中国与每个主要贸易伙伴国的贸易额为权重的加权平均汇率。在计算有效汇率时，人民币对美元汇率在指数中的权重为 14%～18%（具体权重取决于在计算指数时如何定义贸易，是采用出口贸易总额还是进出口贸易总额），而人民币对欧元汇率的权重则在 16%左右。考虑到中国的贸易伙伴，以及与各贸易伙伴国的贸易量都在持续变化，因此，这些权重也始终处于变化状态。2000 年，美国在中国商品贸易中的比重约为 16%，而在 2015 年则减少到 14%。

如上所述，有效汇率的基础依旧在于名义汇率（nominal exchange rate），譬如人民币对美元或人民币对欧元的汇率。因此，有效汇率也被称为贸易加权的名义有效汇率（nominal effective exchange rate，NEER）。

当然，一种货币的购买力还要受到通货膨胀的影响。因此，可按中国相对贸易伙伴国的通胀率对名义有效汇率进行修正。为体现这种通货膨胀的影响，经济学家又设计出另一个指数——实际有效汇率（real effective exchange rate，REER）。

对中国而言，实际有效汇率也是一种以贸易额为权重的双边汇率，只不过它以中国物价水平相对于各贸易伙伴国物价水平的加权平均数之比为权数。

为了让这些指标易于计算，便于理解，负责计算的国际货币基金组织（IMF）和国际清算银行（BIS）等机构认为，NEER 和 REER 的增加是货币升值的标志。这恰恰与传统意义上的汇率相反，即汇率值下降（购买单位外币所需要的本币数量增加）代表本币升值。

无论是 NEER 还是 REER，所有以贸易额为权重的汇率走势均表明，与人民币对美元汇率相比，在过去 10 年里，人民币相对其他贸易伙伴的汇率升值幅度更大。这背后的原因不难理解。全球金融危机过后，美元相对于欧元和日元等其他主要货币大幅升值。在这种情况下，人民币对美元的升值（尽管人民币对美元的汇率自 2014 年以来略有贬值，但升值则是过去 10 年的基本趋势），会带动人民币对欧元及日元的进一步升值。因此，对 NEER 和 REER 这两个概念感兴趣的不只是学术界，因为它们同样会影响到国际贸易的实操模式。

为理解中国对汇率，至少是对美元汇率的管理方式，我们首先需要近距离考察决定货币价值的贸易体系。

两种人民币汇率?

1994 年 4 月，中国人民银行建立了中国的第一个银行间货币市场——中国外汇交易中心，总部设在上海，职责是为境内货币交易提供便利。该中心最初的交易系统主要以人民币对美元的汇率为核心，其成立之后，业务范围不断扩大，并在 2005 年引入外币交易业务。截至 2016 年 6 月，中国外汇交易中心提供人民币对 15 种外币的双边交易，以及另外 9 种不涉及人民币的外币间交易（如美元对欧元和美元对日元）。

设立之初，该中心仅吸收少数几家国有银行作为参与者，这就使得中国人民银行易于对人民币对美元汇率实施管理。实际上，在这些国有银行中，很多银行始终为自有客户提供外汇交易（即某些客户需要卖出美元、买进人民币，其他客户则希望买入美元、卖出人民币）。因此，银行之间通过公开市场完成的交易数量实际上非常有限。

随着时间的推移，尽管外汇交易中心始终由中国人民银行负责，但其开放程度已大为改观。2016 年 6 月，该中心已吸纳 30 家银行机构担任即期市场的做市商，其中，约有 1/3 为外资银行。做市商的基本职能就是为市场提供流动性。也就是说，在交易日的任何时点，这些机构随时为中心交易的每一种外币提供买、卖双边报价，并有义务按上述报价执行最低数量的买、卖订单。在中心注册并进行交易的机构数量远超过做市商数量，截至 2016 年 6 月，其机构数量已超过 500 家，其中约 100 家为外资机构。

人民币的官方汇率就是由这个在岸市场决定的。人民币的交易代码为“CNY”。不过，还存在一个人民币交易的离岸市场。人民币离岸交易的场所主要是香港银行间市场（Hong Kong Interbank Market）。人民币在该市场的交易代码为“CNH”。在外汇交易中心成立之前，离岸市场满足了对人民币交易的需求。在外汇交易中心成立之后，凭借香港国际金融中心的地位，离岸市场继续保持着繁荣态势。

在岸市场需要接受中国政府对资本账户的管制，因此，在这个市场上，受中国人民银行控制的人民币价值贬值较为剧烈。相比于在岸（CNY）市场，离岸（CNH）市场不会受到中国政府的直接控制或干预。因此，人民币的离岸市场价值经常会偏离在岸市场价值。当人民币需求旺盛时，中国人民银行会通过在岸市场抑制需求。因此，在岸市场上的人民币汇率可能会相对较高。当然，这种差异不会长期持续，因为金融市场的参与者在意识到这种汇差存在的时候，马上会采取套汇，利用汇差盈利，从而让汇差迅速消失。而且，限制资本流动会让这种套汇者难以得逞。

自 2010 年年底以来，人民币对美元的 CNY 和 CNH 汇率基本保持同步。这表明，中国的在岸货币市场和离岸货币市场正在走向趋同。但在此之前，离岸市场的人民币业务受到严格限制，导致 CNY 汇率明显偏离 CNH 汇率。通常，人民币的离岸市场价格要高于在岸市场价格。

通往储备货币之路

围绕人民币的炒作已成为时尚，以至于某些评论人士甚至声称，人民币即将取代美元，成为主导全球金融的货币。在评价这些言论之前，我们首先需要澄清几个相关概念。针对人民币在国际舞台上的崛起，传统观念往往混淆了货币在国际金融中的三个相关但又不同的概念。

第一个概念可以归结为资本账户开放（capital account openness）。这个词的意思是，对于以人民币为一方并以其他外币为另一方的货币交易，作为交易媒介的金融资本流入及流出受到限制的程度。如果一国不对跨境资本流动设置任何限制，我们即可认为这个国家已完全开放其资本账户。

世界上大多数国家已加入 IMF。作为一个国际组织，该组织的基本宗旨是确保国际货币体系的稳定——包括帮助各国及其居民彼此开展交易所需要的汇率及国际支付体系。IMF的189个成员共同签署宪章，声明不对与贸易相关的任何跨境资金支付设置限制。这一概念被称为“经常账户可兑换”（current account convertibility），即对于因贸易型交易而进行的本币与外币直接的相互兑换不设限制。国际贸易被计入国际收支平衡表下的“经常账户”。因此，我们才有了“经常账户可兑换”这个词。

几十年以前，跨境资金流动大多由各种形态的贸易活动引发。中国对美国出口的鞋和服装会导致美元从美国的进口商转移到中国出口商手里。在当下世界，与贸易没有任何关系的金融交易日益增多，并成为跨境资金流动的主要形态。一个美国投资者购买在上海证券交易所上市的中国公司的股票，或是一个中国居民在旧金山购置一套公寓，就属于与贸易没有直接关联的纯金融交易。

对于在本质上属于金融性的交易，货币之间的自由兑换被称为“资本账户可兑换”（capital account convertibility）。在国际收支平衡表中，资本账户是仅次于经常账户的第二大项。

IMF 并不以资本账户可兑换作为成员国的强制性条件。大多数发达经济体已完全开放了资本账户，对国内外投资者带来的跨境资金流动限制较少。相比之下，在很多新兴市场经济体，譬如中国和印度，依旧对资本账户下的交易实行某种管制。这就是说，这些国家并没有实现资本账户可兑换。

要理解一国货币在国际金融中的作用，第二个重要概念就是国际化。这个词是指货币在跨境贸易和金融交易中的计价和结算作用，即货币作为国际交换媒介的角色。

不妨考虑一种交易广泛的大宗商品——石油。实际上，全球所有石油贸易合同都以美元计价。当一个石油生产国（如沙特阿拉伯或委内瑞拉）在全球市场上出售石油时，买家通常以美元结算，或者说，以美元支付购买石油的货款。当然，在原则上，结算交易合同所采用的货币可能不同于合同的计价货币，但这种情况并不常见。

在进行贸易结算时，某些货币的使用频率要高于其他货币。比如说，当阿根廷人想要进口石油时，外国石油出口商会要求以美元支付货款，而不是阿根廷比索。这不仅因为比索在国际市场上的通用性不及美元，还因为国际社会对阿根廷比索的价值缺乏信心。那么，阿根廷人又如何取得这笔用来支付进口石油货款的美元呢？阿根廷向外国进口商出售大豆和谷物，或是外国投资者购买在布宜诺斯艾利斯证券交易所交易的股票时，阿根廷人就可以收到美元。

今天，纯金融交易的计价和结算能更多地体现一国货币的国际化程度。当一个美国投资者买进阿里巴巴或是腾讯的股票，或者沃尔玛在中国建造新超市或分销中心时，这些活动带来的资金流动都属于与贸易型交易无直接关联的纯金融性流动。同样，在伦敦交易所，中国或美国投资者均可购买复杂金融衍生品，雅虎对中国电子商务公司阿里巴巴的投资，或是中国安邦保险集团购买纽约的标志性建筑——华尔道夫酒店，都与贸易无直接关联。但即便是这些金融性交易，也需要以某种货币定价并结算，这也是导致某种货币具有国际化特征的一个重要方面。

在分析货币的国际化特征时，第三个重要概念就是储备货币（reserve currency）。这个词是指外国中央银行持有并用于抵御国际收支危机的货币。通常，当一国因缺少国际可接受货币以至于无法偿还外债或是支付进口款项时，就会出现国际收支危机。外汇储备通常是由前述外汇市场干预活动积累起来的。美国之所以基本不持有外汇储备，是因为美元本身就是一种全球接受的货币。美元的普遍接受性意味着，美国消费者无须担心其他国家拒绝向他们出售商品和服务，因为他们不太可能用美元以外的货币支付货款。此外，美国很少干预外汇市场，这意味着，美元价值由市场力量决定。

相比之下，即便是日本和欧盟这样的发达经济体，也维持着巨大的外汇储备，因为它们的中央银行需要经常干预外汇市场，防止本国货币过度升值。另外，由于欧元和日元也属于被全球广泛接受的货币，这些国家不需要以外汇储备抵御收支危机。另外，印度等国家则要担心，一旦外国投资者将资金抽逃出境，就会导致外汇储备下降，以至于不得不大幅减少石油进口量。对印度来说，通过干预外汇市场积累外汇储备，不仅有助于防止本币贬值，还可用来防止外国投资者的变化无常。

本章讨论的这三个概念各有不同，但又相互联系。尽管随后我们将以独立章节探讨人民币沿上述三个层面的发展进程，但还是要牢记它们之间的相互关系。

一种货币在全球范围内的可接受性不同于可兑换性（宗主国资本账户的开放性），可兑换性也不是可接受性的充分或必要条件。也就是说，一个国家可以拥有开放的资本账户，但其货币未必在国际金融中扮演重要角色。同样，货币的高度国际性未必意味着货币发行国拥有开放的资本账户。在这一点上，人民币就是一个典型：尽管中国始终严格限制资本流动，但人民币正在越来越多地被用于国际交易。

在这个问题上，另一个需要关注的现象是：完全开放的资本账户并不一定对应于自由浮动的市场化汇率。以香港为例。尽管香港拥有开放的资本账户，但其货币实际上采取了钉住美元的固定汇率制。因此，港币对美元之间的汇率并不取决于市场利率。

在原理上，资本账户可兑换、浮动汇率和国际化这三个条件是一种货币成为储备货币的必要条件。当然，我们还不能用传统理论认识中国的货币问题，而是需要从特殊的视角去认识人民币在全球金融中扮演的角色。因此，我们不妨从资本账户的开放性入手，而由此得到的结论颇具戏剧性和意外性。

弗洛伊德说，我们生活中所有的缺点都可归咎于我们的父母，而马克思认为，罪魁祸首是我们社会中的上层阶级。但我们唯一应该责备的是自己。印度佛教中有一句话值得回味：生活中的一切都是你一手造成的，除了自己谁也不要怪。

——《神话的力量》（*The Power of Myth*）

约瑟夫·坎贝尔（Joseph Campbell）

第3章

稳定还是自由

开放资本账户的逻辑

资本账户的开放程度体现为国内外投资者跨境转移金融资本的自由度。按照这个定义，大多数发达经济体至少在二三十年前就已开放其资本账户。相比之下，大多数新兴市场经济体没有开放资本账户。但这种情况正在发生着快速变化。目前，很多新兴市场经济体资本账户的开放程度已相对改观。但最值得关注的是，中国和印度作为当前世界上最重要的两个经济体，依旧在实行严格的资本控制。

从理论上说，中国仍然对跨境的资本自由流动设置了诸多限制。担当中国资本账户守护神的机构就是由中国人民银行管理的国家外汇管理局（SAFE）。2009—2015 年，易纲担任国家外汇管理局局长。作为一名货币政策专家，易纲目前还是中国人民银行的副行长（在主导 SAFE 的同时兼任这一职务）。易纲是中国最有思想的政策制定者之一，也是中国学术界的领军人物。在中国人民银行任职的最初几年，易纲仍继续在北京大学任教并培养学生。在他的指导下，中国资本账户的开放程度已有了巨大改善。在潘功胜上任外管局局长（2016 年 1 月起）及中国人民银行副行长以来，这个过程还在继续。中国的资本账户开放的路径是独一无二的，这也让我们很难以传统标准来认识这个过程的结果。

从理想到现实：资本账户的两副面孔

一个国家资本账户的开放程度取决于两个要素：资本流入和资本流出。第一个要素与该国对资本流动的法律要求有关，从简单的登记或报告制度，到针对某些类型资本流动设置的严格限制（这些限制措施即是资本控制）。比如说，当海外游客或美国居民从海外进入美国时，如身上携带的现金数量达到 1 万美元，在过境时必须进行申报。这属于一种行政性报告制度。与此相反，资本控制仅适用于某些特殊场合，譬如，中国限制外国投资者进入本国的股票市场，而印度对外国投资者在某些领域收购国内企业及创办新公司设置限制。

决定资本账户开放度的第二个因素，与其说是监管手段，还不如说是基于现实的考量。即便是存在书面上的正式资本控制，但实施的严格度有可能千差万别，而资本控制的实施程度自然会影响到资本是否可自由跨境流动。另外，资本控制的严格性并不能说明问题。一个国家或许完全放开其资本账户，但如果该国政治不稳定，或是经济剧烈震荡，那么，即便没有实行资本管制，它也有可能不会得到外国投资者的青睐。因此，要完整地理解资本账户的开放性，就必须在理论和现实两个层面上认识这种开放是如何实现的。

我所说的概念，主要是指金融开放的法律规定和现实状态，前者体现出法律对金融资本流动的约束，后者则是一个经济体融入全球金融市场的程度。

法律意义上的金融开放

资本账户开放的法律内涵通常依赖于 IMF 在《汇率安排和外汇管制年度报告》（*Annual Report on Exchange Arrangements and Exchange Restrictions*，*AREAER*）中发布的两个指标。这两个指标能反映出对各类资本流入及流出是否设置限制及限制程度。只有一国在资本账户

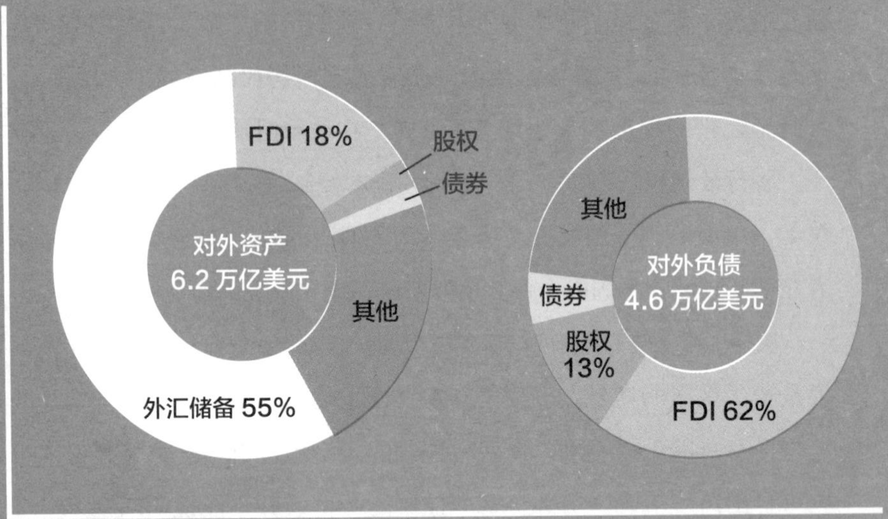

资料来源：国家外汇管理局。
注释：图中数据以 2015 年底为准。

图 3.1
中国的对外资产及对外负债

具体项目的政策上做出重大调整时，这些指标才会发生变化。根据IMF 2014年发布的报告，在资本流入的15个大项和流出的16个大项中，中国分别对其中14项和15项设置了某种限制。

衡量法定金融开放度的传统方法采用的是AREAER数据。从这些指标上看，中国在过去10年内的政策几乎没有任何变化。比如，威斯康星大学陈庚辛（Menzie Chinn）及波特兰州立大学伊藤弘（Hiro Ito）的研究显示，自1993年以来，中国的法律金融开放度没有发生任何变化。该指标汇聚了AREAER覆盖的各类信息，其赋值范围从2.4（最大程度上的金融开放）到−1.9（最低水平的金融开放）。指标的数值越高，对应的法律意义上的资本账户开放程度越高。

美国和英国等主要发达国家的该指标均达到最大值2.4，也就是说，它们均对资本账户实行了完全开放。相比之下，中国的该指标和印度一样，均只有−1.2，远低于新兴市场国家的平均值（−0.2）。1993年，中国的这一指标从−1.9大幅提高到−1.2，但自此之后就未发生任何变化。这个数值表明，中国的资本账户相对较为封闭，其特征就是大量资本控制政策的存在。

现实意义上的金融开放

此外，我们还可以从现实视角评价一个经济体的金融开放程度。经济学家采用进出口总和的绝对金额数或是占GDP的百分比，来衡量一国对国际贸易的开放程度。另一个已逐渐被学术界普遍接受的类似指标，是用一个经济体的对外资产与负债之和来衡量金融开放度——同样，该指标也可表达为绝对值或是占GDP的比率。

中国的对外资产包括中国家庭、企业、金融机构和政府持有的全部海外资产。对外负债则包括外国人在中国的投资数额，以及中国家庭、企业和政府对外承担的负债（图3.1）。这些资产和负债共同构成中国的国际投资头寸（International Investment Position，IIP），其实质就是反映一国与其他国家经济关联的资产负债表。在过去10年里，中国的对外资产和负债均出现大幅上涨，目前，中国的对外资产和对外负债已分别达到6.2万亿美元和4.6万亿美元。

作为对外资产与对外负债的总和，中国的总对外头寸呈现快速增长态势，目前已接近11万亿美元，比10年前膨胀了近10倍。这个数字不仅让瑞士这样的国家“相形见绌”，也远远超过其他新兴市场国家。此外，我们还可以考虑一国的对外头寸与其经济规模的比率。中国对外资产与负债之和与GDP之比目前约为100%。然而，单从这个比率看，中国在金融开放度上还落后于传统意义上的储备货币发行国，如日本、英国和美国，但依旧领先于大多数新兴市场国家。

近距离剖析中国的IIP，可以发现很多突出的特点：代表外国在中国投资和其他资产的对外负债结构与众不同。外国直接投资（FDI）约占其对外负债的62%，这个比例远高于其他大多数新兴市场经济体；股权投资类负债是指外国投资者在中国持有的股票，目前占中国对外负债的比例仅为13%；其他25%为债券及其他投资类负债（主要指银行贷款及贸易信贷）。

中国的对外资产负债表反映了其对资本账户的管理方式。中国政府对FDI持欢迎态度，在他们看来，FDI是对本国经济最有利的资本流入类型。流入的FDI主要体现为外国投资者对新设或现有国内公司进行的长期投资，一般对被投资公司采取100%全资拥有，或持有少数股权但拥有控制权的相对控股（持股比例通常不低于流通股的10%）等形式。因此，FDI投资者有足够动力去改善其所投资企业的生产率，在大力改善公司治理和风险管理机制的同时，积极引入新技术或管理技能。而这相应带动了业内其他公司的效率，从而发挥出FDI的溢出效应。例如，中国本土的零售连锁企业就借鉴了沃尔玛在中国地区的产品、经销及库存管理实践。

此外，中国政府还出台政策，确保外资企业的先进技术及时推广到国内企业。2015 年 9 月，波音公司宣布了中国将购买 300 架“波音”飞机的大规模采购计划。根据双方达成的协议，波音公司将在中国投资兴建一座飞机组装中心。此外，协议还要求波音方面允许中国企业以合作形式参与飞机制造。

同样，在 2005 年左右，德国的西门子和日本的川崎重工投资了中国的国有铁路设备制造公司，合作生产高速列车，并向其转让高速列车生产技术。目前，这些中国企业已开始出口高速列车，在全球市场上与德国及日本制造商展开竞争。

多年以来，为吸引海外投资，中国政府不仅简化、取消大量烦琐的审批程序，还采取了更为直接的经济刺激。对于外资企业，政府仅征收相当于国内企业一半的企业所得税（外资企业为 15%，国内企业则是 33%）。如此巨大的税收差异让很多中国企业家为之绞尽脑汁。实际上，很多外商投资企业是国内投资者通过境外渠道，尤其是香港进行的“返程”投资，以利用外商投资企业享受的税收优惠政策。简单来说，就是中国内地的企业先将资金转移到香港，设立一个以投资为目的的壳公司，再以外国投资者的身份收购这家内地企业，使之变成外商投资企业。

2008 年，中国政府取消了外商投资企业享有的所得税优惠政策，但中国对 FDI 投资的全面开放政策依旧没有变化。随着中国经济的快速增长，尤其是中产阶级规模的扩大和收入水平的提高，外国投资者以 FDI 形式进入中国的热情有增无减。

但除了 FDI 之外，中国政府对其他类型资本流入采取消极态度。在目睹新兴市场国家因国内企业过多依赖外债而陷入危机后，中国政府严格限制国内企业向海外贷款人借款。这就解释了中国的外债为何能长期维持低水平的原因。2015 年，中国的外债规模约为 GDP 的 13%。

此外，中国政府始终不鼓励外国投资者参与本国股票市场。考虑到中国股市较强的波动性，他们担心外资的加入会进一步加剧股市的动荡。中国的股票市场被划分为A股市场和B股市场。中国在深圳和上海建立了两个主要的证券交易所，两类股票在两家交易所均有交易。A股股票以人民币计价，直到2002年，外国投资者才被允许从事A股投资和交易。虽然B股面值也以人民币计价，但主要由外国投资者以外币进行交易（在上海证券交易所以美元交易，在深圳证券交易所以港元交易）。中国本土公司可以同时发行两类股票，但B股的交易价格通常低于A股的交易价格，部分原因在于A股市场的交易量远大于B股市场。

2001年，B股市场对国内投资者开放。国内投资者可以用外币投资B股。自2002年以来，虽然外国投资者已开始进入A股市场，但始终受到严格限制。这种局面直到最近才有所改变，我们将在本章后续讨论这个问题。在得到政府审批之后，中国公司也可在香港证券交易所挂牌上市，股票以港元计价。这类股票被称为H股。

中国对外资产的结构同样值得探究。外汇储备约占本国对外资产的55%。在全球金融危机爆发前的一段时期，这个比例甚至更高，一度曾占据对外资产总额的2/3。出于对私人资本外流的担心，中国政府对个人及企业向海外转移资金的额度制定了一系列限制性措施。出台这些政策的很大一部分原因，就在于维护国内银行系统的稳定。中国人自古就有储蓄的传统，巨大的家庭及企业存款就是最好的证明。这些存款为国有银行体系提供了源源不断的廉价资金来源，而政府也一直热衷于为这些银行提供支持。

另外，对外FDI是指中国企业对海外公司进行的直接投资，目前已占对外资产总额的18%。而在10年前，这个数字还只有5%。最近几年，中国企业纷纷走出国门，不断加快海外扩张的步伐。他们大举收购海外公司，或是在海外建立自己的子公司。中国的海外FDI目前已达到史上最高的1.1万亿美元。由于中国居民很少通过投资外国股票或债券而实现储蓄资产的多元化，这就使股票和债券投资在中国对外资产中的比例很低。2015 年，此类资产的总额还不到 3 000 亿美元。

对最新数据的分析显示，中国对外资产负债表的规模和结构已发生了某些重要变化。但由于该表仅代表存款，而不反映流量，因此变化的规模和速度相对较慢。实际上，中国在放松资本账户管制方面的手段已出现了巨大变化。

“自由”的资本账户还有多远?

在这个问题上，我们有必要考虑一个重要环节：中国为什么要放松对资本账户的管制？毕竟，一个国家的资本账户越开放，就越有可能因为海外投资者的捉摸不定而受到影响。迄今为止，中国的发展在资金上还不需要资本流动，因为中国拥有世界上最高的储蓄率。而且凭借长期积累起来的巨额外汇储备，中国实际上已经在以某种形式向海外输出储蓄。当遭遇资本流出时，政府在管理上不仅更安全，而且也更容易。既然如此，中国为什么还要开放其资本账户呢？

世界银行的艾汉·科泽（Ayhan Kose）、哈佛大学的肯尼斯·格罗夫（Kenneth Rogoff）、哥伦比亚大学的魏尚进和我在 IMF 共事时提出的一个理论模型，或许有助于我们理解中国对资本账户实行的政策。传统经济模型假设，开放的资本账户应允许资本匮乏的发展中国家获得海外融资，并更多地投资于厂房、设备和基础设施等有形资产，进而提高增长速度。但是在最初的研究中，我们四人都发现，实证研究并不支持这个结论。与对外资金依赖性较低的国家相比，严重依赖海外资金的发展中国家并没有实现更快的增长。此外，当时的很多研究人员也指出，加大资本账户的开放度只是加大了资本流动的波动性，甚至会让很多发展中国家因为过度负债而陷入债务危机。

很多人对资本账户自由化持怀疑态度，我们也一度同意这些观点：我们自己的研究表明，对新兴市场经济体来说，吸引更多资本流入并不一定是开放资本账户的主要优势。但即便如此，也不应将开放资本账户看做是一种误导性政策。相反，我们认为，资本账户自由化依旧有可能带来重大的间接或者说“附带性”收益。此外，我们还指出，尽管不可能完全消除风险，但有控制的自由化政策注定会大大改善风险收益关系。因此，它依旧是值得新兴市场经济体推崇的经济命题。

那么，它到底会带来哪些潜在的间接收益呢？不妨以开放股票市场为例。大量证据显示，向海外投资者开放本国的股票市场，会增加本国股市的交易量，改善股市本身的总体业绩。对于一国上市公司的管理水平如何，以及公司治理和经营模式是否有效，外国投资者往往有着更为敏锐的目光。而这又有助于激励国内企业持续改善其经营绩效和信息透明度，因为只有这样，他们才能获得更多的海外资金。外国投资者当然也不可能无所不知。他们在投资上也会出现种种无法弥补的错误，但是就总体水平而言，他们的存在会让股票市场更为规范。

同样，外资银行的进入会提高银行业的竞争水平，进而让存款人和借款人成为受益者。当发达国家的外资银行进入新兴市场经济体时，不仅可以带来更多优质产品和服务，还有更先进的风险管理工具及其他金融创新。譬如，外资银行在进入中国银行业之后，对国内银行改善服务水平和经营效率发挥了巨大作用。当然，全球金融危机也告诉我们，发达国家的银行“缔造”危机和灾难的能力同样“不同凡响”。但是就总体状况看，外资银行的进入有助于推动新兴市场经济体国内银行体系的持续改进。

这也是让中国在全球金融危机中幸免于难的法宝。2007 年，由于大型国有银行公司治理改革进程缓慢，中国人民银行邀请部分国外银行以参股方式持有这些银行的少数股份。如果说中国人民银行是想要补充银行资本金，那么，中国绝对拥有充足的自有资金。但以吸引“战略投资者”的名义引入海外银行的政策显然有着更深远的内涵：让这些投资者有足够动力去改善这些中国国有银行的经营绩效，从而提高其投资回报率。因此，他们会主动参与银行管理，积极贡献其经营管理能力，为他们投资的银行改善风险管理体系和公司治理结构进言献策。

中国金融体系的其他领域也会得益于外商投资政策的开放。比如，保险企业曾一直依赖资本控制及其他禁入政策维持其竞争力。随着外商投资政策的放开，这些领域必将面临更激烈的竞争。不过，这并不是说，外资金融机构的管理均超人一等，不需要任何监管。相反，只有对国内外金融机构始终执行有效的监管措施，向外国投资者开放这些领域才有可能显著提高其经营效率。

在以该理论为基础而开展的相关实证研究中，芝加哥大学布斯商学院金融学教授、印度财政部首席经济顾问拉格拉迈·拉詹（Raghuram Rajan）与我一起发现，以可控制的方式开放资本流出将有利于中国经济。放开资本流出管制为中国家庭提供了在全球范围内实现储蓄资产多样化配置的机会，并为是国内资金主要来源的银行创造竞争环境，从而推进国内金融体制的改革。鼓励企业资本走出国门的举措，将允许中国企业到海外开展业务，实现其收入来源的多样化。

此外，开放资本账户还可以为中国带来更宽泛的收益。放开资本账户有助于实现将上海打造为国际金融中心的目标。更重要的是，如果要推进金融体制改革，那么，资本账户开放将成为在经济中有效配置资源的催化剂——将资本引入更有活力和效率的领域，而不再以大型国有企业为核心。

中国政府已拟定一系列方案，在资本流入及流出两个层面对资本账户进行有控制的开放。这些方案的宗旨，就是以审慎而有计划的方式，在不完全放开资本账户的情况下，提高资本流动的自由度，获取金融开放的诸多间接收益。这些方案的核心在于，它允许政府挑选特定类型的外国投资者，允许他们利用资本账户开放带来的机会，并对资本的双向流量实施控制。各种方案的实施均在规模上由小及大，并循序渐进，在试运行取得成效、政府的适应能力达到一定程度后，再加以普及并扩大规模。

有控制地放开：QFII 与 RQFII

长久以来，中国一直对 FDI 采取开放的姿态，但直到最近，才开始启动促进其他类型资本流入的计划。

合格境外机构投资者制度

合格境外机构投资者（QFII）制度是在 2002 年 12 月出台的，该制度允许符合要求的境外机构将外币兑换为人民币，并投资于 A 股及其他以人民币计价的金融工具。QFII 制度旨在吸引高水平的长期境外证券投资，并对短期的投机性外资流入进行制约。这项制度的主要目的之一，就是促进中国证券市场的发展。

QFII 制度的广义目标与间接收益理论不谋而合。在 2006 年的一次新闻发布会上，中国证券监督管理委员会（CSRC）发言人提到了这项制度，并对其指导原则和潜在优势做出了说明：

> 许多发展中国家的经验表明，当经济发展到一定程度后，有限度、有步骤地开放本国资本市场，不仅有助于引入外资，而且有利于促进资本市场和本国企业完善制度，提高资源配置效率。从国际经验看，QFII 制度是新兴资本市场逐步对外开放的成功举措，在引入外资的同时，还可以有效地防范市场风险，保障金融体系安全……QFII 进入我国资本市场后，实现了境内外资本市场的初步对接，提高了我国资本市场的国际影响力，增加了市场的中长期资金供给，促进了我国资本市场投资理念的成熟和先进投资风险管理技术的应用，并在促进国内上市公

司完善治理结构、推动资本市场的制度改革和机制创新等领域发挥了积极作用。

QFII 是一种典型的外资基金管理机构、保险公司、证券公司及其他资产管理机构。外国中央银行及主权财富基金也适用于 QFII 制度。这些机构必须经过重重审批，这在中国很普遍。即便是符合要求的 QFII，也必须向中国证监会申请牌照。证监会将最终决定哪些外资机构可参与中国股票及证券市场，并对这些市场的运行进行日常监管。在获得证监会批准之后，QFII 还需向负责管理外汇资金流入流出的国家外汇管理局申请投资额度。

对于哪些外资机构符合 QFII 制度规定并能取得经营牌照的，中国监管机构始终持谨慎态度，并设置了相对较高的审批门槛。申请 QFII 资格的外资机构需要达到若干最低标准，包括在中国从事相关业务的经营时间、旗下管理的资产规模总值、财务状况是否稳健，以及公司治理和内控制度等。此外，还要求申请机构所在国家或者地区拥有完善的法律和监管制度，其证券监管机构已与中国证监会签订监管合作谅解备忘录，并保持有效的监管合作关系。制定这些标准的目的很清楚，即防止投机性的短期外资流入境内，引入具有战略视角的长期投资者。值得寻味的是，中国对外资机构要求的标准高于国内机构。

QFII 制度在设立之初，需要经过十几道审批程序。获得批准的机构在第一个经营年度的投资规模不得低于 20 亿美元。到 2008 年，该制度已进入快速发展轨道。国家外汇管理局曾表示，他们希望借此手段，通过提高配置给各 QFII 限额的总量，并放松针对个别机构的最大限额，进一步提高外资机构投资中国证券市场的自由度。这意味着，监管机构已大幅降低在最短经营年限及最低资产管理规模等方面设置的标准，以增加中国证券市场上的国外机构投资者数量。

之后，国家外汇管理局还提高了各家 QFII 的投资最高限额。在

2009 年之前，每家 QFII 机构在各类投资中的最高投资限额为 8 亿美元。2009 年，国家外汇管理局发布新规，将 QFII 的投资上限提高至 10 亿美元。但直到最近，还只有少数主权财富基金、中央银行及货币管理机构的投资额度上限超过 10 亿美元。2015 年 3 月，国家外汇管理局取消针对海外基金管理公司设置的 10 亿美元投资额度上限。

尽管对 QFII 政策的放开步伐持续加速，但中国政府对这些机构的资产配置方式始终实行严格限制。在每家海外 QFII 机构的总资产中，股票及股票相关资产的比例不得少于 50%，现金的比例不得超过 20%。这些规定的目的，就在于防止外资机构大量囤积债券或现金，利用人民币升值进行投机。

2012 年，国家外汇管理局最终放宽单家 QFII 机构的投资额度上限，不再对单家机构设置统一的投资额度上限，允许各家 QFII 机构在股票和固定收益债券之间灵活调整资产配置比例。不过，其针对 QFII 持有现金比例的限制仍然没有改变。

此外，单家 QFII 对任何一家中国上市公司的持股比例不得超过 10%，多家 QFII 对任何一家中国上市公司的持股比例合计不得超过 30%。设置持股比例的目的在于防止外国投资者取得中国上市公司的控制权。

2016 年，中国政府进一步扩大 QFII 政策的执行范围，放宽对 QFII 的投资限制。2 月，中国人民银行宣布，中国的政府及公司债券市场将对 QFII 开放，对投资债券不设投资上限，并简化行政审批手续。由于当时市场普遍不看好中国经济及金融市场走势，只有少数投资者对这项通知有兴趣，因此，此举并未立即引起市场普遍关注并取得成效。但是就在几天之后，国际媒体纷纷报道，称此次政策调整将有可能改变中国债市基本格局，吸引数万亿美元外资涌入中国的债券市场。

2016 年 3 月，国家外汇管理局进一步放宽 QFII 政策。首先，取消针对 QFII 设置的投资上限，按机构自有资产或管理资产总规模的一定比例获取投资额度，或称基础额度，最高可达 50 亿美元；其次，简化获取基础额度的审批手续，对机构在基础额度内的额度申请采取备案管理并自动获取，只有 50 亿美元以上的额度申请方需国家外汇管理局审批（根据上述规定，对债券投资不再设置额度限制）；最后，在完成额度审批后，不再对汇入资金设置期限要求。

此外，QFII 的投资可在三个月后的任何时间汇出（以前对汇出资金的“锁定期”是一年）。2016 年 5 月，国家外汇管理局再次宣布，针对中国债券市场的投资，机构可在任意时间抛出投资并汇出资金，无须获取监管机构的审批。

值得关注的是，在 2016 年放宽 QFII 进入中国股票市场的诸多措施中，很多是由摩根士丹利资本国际公司（Morgan Stanley Capital International，MSCI）设计的。该公司编制的股票市场指数已成为全球基金经理采用的投资基准。

长期以来，中国一直致力于将 A 股纳入 MSCI 的新兴市场指数，以吸引更多的外国投资者进入中国股市。2015 年 6 月，MSCI 曾拒绝将中国 A 股纳入该指数，其理由是外国投资者在购买中国的股票及其他有价证券时要受到各种限制。对此，中国的金融监管机构要求 MSCI 列出整改项目清单，并根据该清单采取系统措施逐项改善。但在 2016 年 6 月的评估中，MSCI 认为中国并未完全兑现清单要求的项目，并延缓将中国 A 股纳入该指数。

截至 2016 年 5 月，约有 300 家外资机构取得 QFII 资格，按 QFII 政策取得的投资额度总额为 810 亿美元。但是与中国 A 股市场的总市值相比，对 A 股市场的 QFII 投资总额一直很有限。在 A 股市场的流通股总市值中，外资机构持有的比例还不到 2%。因此，QFII 制度对证券市场发展的影响更多地体现为催化效应，还不足以形成直接的实质性影响。

人民币合格境外机构投资者制度

人民币合格境外机构投资者（RQFII）制度出台于2011年年底。它和QFII制度的最大不同点在于，符合要求的境外机构投资者可使用离岸人民币直接投资于境内市场。

相比之下，QFII需要首先将外币资金兑换为人民币之后，方可投资于境内的股票及有价证券。

与QFII一样，该制度也要求境外金融机构向中国证监会申请资质，并向国家外汇管理局申请投资额度。获得批准的外资机构在投资境内股票市场、银行间债券市场，以及国内托管银行的股指期货时，必须为投资开立单独的人民币专用账户。

和所有涉及金融机构的资本账户开放政策一样，在RQFII制度下，资金转移依旧受到各种限制。

比如说，按照RQFII制度的相关规定，跨境资金流动均需受到严格控制。可汇入的资金包括投资本金，以及支付相关税费所需要的资金；可汇出资金包括出售境内有价证券实现的收入，以及与投资相关的现金股利和利息。

最初，仅有中国内地的金融机构在中国香港设立的分支机构有资格申请RQFII资格。自2014年开始，该制度的适用范围逐步扩大，首先纳入香港银行及资产管理机构，随后又对英国、新加坡、韩国、法国、德国、澳大利亚、加拿大、卢森堡和瑞士的金融机构开放。截至2016年5月，已有165家金融机构取得RQFII资格，合计获得760亿美元的投资额度。

不过，以内地金融机构分支机构为主的香港金融机构，始终在其中扮演着重要角色。

目前，在已经批准的RQFII总投资额度中，来自中国香港的金融机构共获得410亿美元，而韩国金融机构获得了110亿美元的额度。

追求最优解：外汇投资的多样化

至于中国政府对资本流出的政策，我们可以用 2014 年国家外汇管理局报告中的一句话作为总结。该报告指出，对外金融资产结构的近期变化，体现出“人民持有外汇”的理念。换而言之，作为国家外汇管理局的主管机构，中国人民银行致力于让私人居民和企业持有外汇，并反映在他们的资产负债表上，而不是主动收购更多外汇储备，让外汇体现在中国人民银行的资产负债表上。

过去一段时间，庞大的外汇储备已给中国人民银行带来了诸多问题。首先，寻找既有安全性和流动性又能带来合理收益的投资，已成为中国人民银行的一大挑战。其次，庞大的储备意味着中国人民银行必须承受巨大的汇率风险。当人民币相对于美元、欧元及日元升值时，中国外汇储备以人民币反映的价值就会下降。如果汇率从 1 美元兑换 6 元人民币升值到 1 美元兑换 5 元人民币，那么，1 万亿美元外汇储备的价值就会从 6 万亿元人民币贬值到 5 万亿元人民币。这显然是中国人民银行难以承受的，因为其资产负债表以人民币计价，包括与这些外币资产相匹配的负债。此外，即便人民币对美元汇率保持稳定，但相对于欧元和日元升值（由于这些货币相对于美元出现贬值），中国外汇储备以美元计价的价值也会下降。对中国人民银行来说，无论是哪一种情况，他们都难以向中央政府和人们做出解释。

或许有人会认为，将持有外币资产的汇率风险转嫁给家庭和企业，体现出中国人民银行唯利是图的思想。实际上，换一个角度来看，这恰恰与央行的投资多样化思想不谋而合，即中国的家庭和企业借此机会，摆脱对国内投资的过度依赖，并通过国际化投资来实现投资组合多样化。

事实上，中国政府一直致力于创造资本流出渠道，为金融机构和投资者走向海外创造条件。

合格境内机构投资者制度

合格境内机构投资者（QDII）制度允许中国的境内金融机构投资于股票和债券等海外金融产品。这项政策于2006年出台，它允许商业银行、证券公司、基金管理公司和保险公司等大型机构投资者，在取得相关部门审批并在接受相应监管情况下，运用在境内筹集的资金投资于境外资本市场。

QDII主要向国内散户投资者筹集资金，然后投资于境外有价证券等产品。当然，对外投资的风险是不可避免的，但考虑到作为机构投资者，QDII比普通的散户投资者拥有更完善的信息，理论上也会进行更理性的投资，其风险与收益的天平更倾斜于收益。更重要的是，在这种模式下，由于对每个QDII均设有具体的投资限额，因此政府可对资金流出的时间和数量实施控制。

取得QDII资质并非易事。显而易见，政府希望剔除有劣迹的金融运营商，为声誉良好的金融机构提供便利。申请成为QDII的机构必须满足很多条件：拥有稳健的财务状况和良好的资信记录；资产管理规模和经营年限符合证监会规定；主要人员具备资产管理和风险评估等相关领域的实战经验；公司已建立起健全的治理结构和完善的内控制度；最近3年没有受到监管机构的重大处罚，没有重大事项正在接受司法部门及监管机构的立案调查。也就是说，申请机构的经营历史不得有任何污点。

为避免某些人通过创办无经营历史和出资极少的新公司满足上述要求，政府还根据相关金融机构的类型制订了具体要求。譬如，符合要求的基金管理公司必须拥有不低于人民币2亿元（约3 000万美元）的净资产，至少两年的基金管理行业经验，且在最近一个季度末资产管理规模不少于人民币200亿元或等值外汇资产。

合格境内机构投资者制度下的投资范围也受到某些限制。例如，取得 QDII 资质的机构可投资于银行存款、债务性凭证、股票、债券和基础衍生品，但不得投资于房地产和贵金属；允许的投资目的地包括中国香港、英国、美国、新加坡、日本、韩国、卢森堡、德国、加拿大、澳大利亚和马来西亚。

值得注意的是，这些符合投资要求的地区和国家均属于发达的经济体。它们无一例外地拥有高度发达的金融市场、良好的知识产权保护制度和完善的金融行业监管体系。因此，中国鼓励金融机构通过对发达国家或地区的投资，弥补自身金融市场的欠缺。除了倾向于较为安全的投资目的地之外，这种政策还有助于投资者获得其他国家在标准和实务上的先进理念和技术。

到 2016 年 5 月，已有 132 家金融机构取得 QDII 经营牌照，批准投资额度合计超过 900 亿美元。各类型机构获得的投资额度分别为：证券公司，380 亿美元；保险公司，310 亿美元；银行，140 亿美元；信托公司，80 亿美元。

合格境内个人投资者制度

此外，中国人民银行已着手研究个人对外直接投资的模式。目前拟定的制度被称为“QDII2”，它将 QDII 的实行范围从机构投资者拓展到个人散户投资者。该制度最初将在如下六个城市试点运行：上海、天津、重庆、武汉、深圳和温州。最新信息表明，试点计划将允许拥有至少 100 万元（约 16 万美元）资产的个人直接投资于境外有价证券、股票及房地产。目前，个人每年可兑换的最大外币限额为 5 万美元。

有关国务院为开辟个人境外投资渠道制订计划的说法，最初见诸于 2013 年 5 月发布的一份关于发展资本市场的文件中。2015 年 4 月，中国人民银行行长周小川在 IMF 国际货币金融委员会的一次演讲中确认，中国将启动 QDII2 计划。2015 年 6 月，上海市政府一位官员指出，上海将在年底启动 QDII2 制度的试点工作。

此外，中国人民银行在 2015 年 7 月发布的一份人民币国际化报告中也提及该计划。但是，直到 2016 年 6 月，官方也未宣布有关 QDII2 计划的具体实施框架和时间。

向更广阔的市场进发

长期以来，中国一直积极创造途径，推进资本的双向跨境流动。在此过程中，中国政府也采取了很多非常规手段。

融会贯通的枢纽站：自由贸易区

在资本账户开放过程中，中国政府循序渐进、边干边学的模式集中体现于自由贸易区（FTZ）。自由贸易区成为中国境内实现资本账户完全可兑换的枢纽，尽管其目的在于提高资本账户的开放度，但其适用范围仅限于个别地区。

上海自由贸易区于 2013 年 9 月 29 日正式启动。2015 年，该自由贸易区扩大到包含了上海的核心金融区——陆家嘴。2015 年年初，中国分别在广东、天津和福建设立了三个自由贸易区，但各自由贸易区只涉及特定领域。

位于自由贸易区内的公司和金融机构可向境外融资，且只有较少的限制和报告要求。但是在原则上，融资机构不得将境外筹集的资金转移到自由贸易区之外。区内公司可以获得离岸人民币借款，前提是不得将借款转移到区外，也不得利用这笔资金投资于有价证券或用于归还贷款。

与其他地区相比，自由贸易区内设立的外国金融机构受限较少，经营的自由度更大。只要能满足某些最基本的要求，外资银行即可在自由贸易区内开办子公司或分支机构。此外，私人投资者也可进入区内银行业开展业务，在保证将经营活动限制在区内的前提下，开设银行、金融租赁公司、消费金融公司及其他金融机构。

尽管被称为自由贸易区，但它实际上并非完全对外国投资者开放。在自由贸易区内，外国投资者只能从事不属于“负面清单”的业务。换句话说，出现在清单上的业务依旧对外国投资者实行禁入。尽管非“负面清单”业务基本不受限制，但仍然需要履行某些行政审批手续。不过，在非“负面清单”行业创办外资企业的审批程序已大为简化。此外，“负面清单”的内容也在不断减少，这足以说明，自由贸易区确实在逐渐向外国投资者敞开大门。

不过，“负面清单”并不包含全部外国投资者禁入的行业。实际上，它仅适用于需要对国内外投资者实行差别对待的行业。而军工等行业并未出现在这份清单上，因为即便是国内的非国有企业，也不得从事此类行业。

实际上，中国通过自由贸易区所实现的资本账户开放度，并不像我们看到的那般繁荣。比如说，国外投资者必须与国内企业组建合资公司，才能从事石油天然气开采、稀土冶炼和飞机设计等领域的业务。在这些领域，政府明确要求国内企业不得向外国投资者免费提供土地。此外，区内的外资公司要投资于某些“敏感性行业、技术或地区”，还要接受国家安全机构的审查。在“军工行业、重大能源和基础设施项目、电信，或是有可能影响到国家安全的农产品”等领域，外资公司在取得公司控股权之前也要接受此类审批。

有趣的是，国家安全审查不仅要考虑投资对国家安全、互联网安全，以及国防敏感技术的影响，还涉及投资对经济稳定、基本社会秩序、文化及社会氛围的影响。毫无疑问，如此宽泛、含混的措辞有助于政府扩大实施安全审核的范围。2015 年 9 月，习近平主席在访美期间指出，中国将逐步减少国家安全审查的范围。

在原则上，尽管各自由贸易区和大陆其他地区之间还存在防火墙，但自由贸易区确实提供了一种通过银行系统乃至企业进行的双向资金流动渠道。但随着时间的推移，当越来越多的金融机构和企业出现在防火墙的两侧，这堵墙就有可能被侵蚀垮塌。但在此之前，自由贸易区模式的确有助于政府对资本账户实施可控制的开放。

沪港股票市场交易互联互通机制——沪港通

中国还提供股票互联机制，以便有选择、有控制地推进资本账户开放，为包括散户投资者在内的各类投资者提供跨境股票投资通道。其中，连接上海和香港证券交易所的沪港通机制于 2014 年 11 月正式启动。

通过沪港通机制，内地投资者可以通过上海证券交易所，在规定范围内购买在香港证券交易所上市的香港或中国内地公司股票（港股通，或称南向投资），而外国人可以通过香港的证券公司购买上海证券交易所的 A 股股票（沪股通，或称北向投资），且受限程度远低于以前。

按沪港通机制进行的双向投资需要受到最大跨境投资限额（总量控制）和每日限额的限制。港股通的投资总额度以前被设定为 2 500 亿元（约 380 亿美元），每日额度限制在 105 亿元（约 16 亿美元）。总额度确定了中国投资者通过该机制对香港股票市场的最大投资总额[①]。在投资额度触及该总额度时，如果无现有投资减少其投资金额，就不再接受其他投资者的进一步投资。沪股通的投资总额度及每日额度分别为 3 000 亿元（约 450 亿美元）和 130 亿元（约 20 亿美元）。

香港证券交易所和上海证券交易所分别对两个方向上的投资额度执行情况进行监督，交易结算由中国证券登记结算有限责任公司和香港中央结算有限公司承担。凭借这些监管机制，监管者可获得双向交易量及交易额的实时信息，便于中央政府对开放资本流动的试点工作实施管理。目前，这种投资渠道已被广泛采用。沪股通在执行首日即

① 关于总额度限制的规定已于 2016 年 8 月取消。——译者注

触及每日限额，并在此后数月内持续维持高位。但随着内地股票市场在 2015 年夏季出现暴跌后，这种热情急剧降温。港股通直到 2015 年 4 月才触及每日限额。中国政府已提出在香港与内地其他城市之间建立股票市场互联互通机制的计划，但尚未宣布具体日期。①

内地香港基金互认机制

内地香港基金互认机制于 2015 年 5 月获得内地及香港监管机构批准，并于 7 月 1 日正式实施。该机制允许符合要求的内地及香港基金通过自动化信息核对程序，在对方市场发行基金。连同股票市场交易互联互通机制，内地香港基金互认机制进一步增加了两地投资者可选择的股票投资产品类型，为促进资金双向流动提供了另一条渠道。这两种机制的主要差别在于，股票市场交易互联互通机制允许散户投资者直接投资于对方的股票，而基金互认机制则允许基金向对方投资者出售产品。基金互认机制最初对进出内地与香港的资金分别设定了 3 000 亿元（约 450 亿美元）的投资额度限制。

符合要求的互认基金包括常规股票基金、混合型基金、债券基金、非上市公司指数基金及交易型开放式指数基金。

另外，黄金交易所交易基金和结构化基金等投机性较强的基金，则没有资格参与基金互认。而共同基金要加入基金互认还需满足其他附加要求，比如，申请加入基金互认的基金必须达到最低的基金规模和存续期要求。

另一个标准就是，它必须是在中国证券监督管理委员会和香港证券及期货事务监察委员会登记为公开上市的股票投资基金。因此，只有符合法律规定且经过严格审查的基金才允许使用基金互认制度。

中国已为金融资本的流入和流出创造了多种渠道。通常，发展中

① 2016 年 8 月，中国证券监督管理委员会和香港证券及期货事务监察委员会决定原则批准建立深港股票市场交易互联互通机制，简称深港通。——译者注

国家更倾向于吸引外来资金，而不是让本国资本流出。既然如此，中国为什么如此急切地创造资本流出的渠道呢？这背后有两个有趣的传闻：不仅关乎经济，也关乎政治。

甜蜜的痛苦：最大债权人收益为何是负？

在中国的对外资产负债表中，最令人费解的是，为了享受“债权人”的美誉，中国一直在向世界其他国家输出资金。

一国在海外的投资收益（即对外资产）与外国人在该国的投资收益（对外负债）之差，即为这个国家的净收益。因此，从理论上说，如果一国的对外资产多于其对外负债，该国就应该拥有正的净收益。也就是说，其投资收益流入应超过其投资收益流出（为外国投资者支付的投资收益）。

2014 年年底，中国成为世界其他国家的净债权人（即贷款人），债权净额达到 1.6 万亿美元。那么，在整个 2015 年，中国因其对外资产超过对外负债而赚到了多少收益呢？答案令人大吃一惊：中国在 2015 年的净投资收益居然是 −730 亿美元。也就是说，中国支付给外国投资者的回报要超过他们在海外投资获得的收益。

毫无疑问，中国在这一点上确实与众不同。加拿大和日本等其他大多数净债权国均享有正的收益率。例如，在 2014 年年底，日本的净资产头寸为 3 万亿美元（对应于对外资产超过对外负债的差额），其 2015 年的净收益为 1 720 亿美元。

不过，2015 年对中国来说并没有什么不同寻常之处。在过去 10 年间，尽管中国的净资产头寸从 2005 年的 4 000 亿美元增加到 2015 年的 1.6 万亿美元，但其净收益始终维持在负数或接近于零的状态。相比之下，同为净债权国的日本，在此期间的每一年均实现了正的净投资收益。

美国的情况同样令人费解，只不过他们与中国恰好相反。在过去

30 年时间里，美国始终是世界其他国家的净债务国。2007 年，美国的净债务总额达到了 1.3 万亿美元。2008—2009 年的全球金融危机，以及随之而来的欧元区债务危机，导致全球资本疯狂涌入美国。到 2015 年年初，美国的外债净头寸已达到 7 万亿美元。自 2007 年以来，仅外国投资者手中持有的美国国债金额就已经增长了 4 万亿美元。

那么，外国投资者从美国这里获得了多少净收益呢？实际情况耐人寻味：2015 年，美国持有的对外资产为 25 万亿美元，而外国投资者的在美投资则为 32 万亿美元，结果却是，美国的对外投资收益颇丰，其回报率高于外国投资者的在美投资。当年，美国的净投资收益为 1 930 亿美元，而且这对美国而言没有任何不同寻常之处。在此前 10 年时间里，尽管外债头寸巨大且连年上涨，但美国每一年的海外净投资收益均为正数。这显然值得深思。中国是其他国家的债权国，但其净收益是负数，而作为全世界债务国的美国的净收益却是正数。

我们不妨从另一个角度探讨这个问题，即一国对外资产和对外负债的收益率。衡量一国对外资产毛收益率的一个简单方法就是，在既定年份，以年初为基点计量的对外资产存量在该年度内给该国带来的投资收益（即收益）。比如说，中国在 2015 年初持有价值 6.4 万亿美元的对外资产，当年流入的投资收益流为 1 940 亿美元。那么，中国在 2015 年实现的投资收益率就是 3%。

按照同样的方法，我们还可以计算出中国外债带来的近似总收益率，也就是说，外国投资者对中国投资实现的投资收益率。2015 年年初，中国的外债存量达到 4.8 万亿美元，当年对外国投资者支付的收益为 2 670 亿美元，投资收益率约为 5.6%。换句话说，2015 年，中国对外资产取得的收益率较其对外负债支付的收益率低 2.6%。上述计算并未考虑年度内对外资产和负债，以及币值变化对收益的影响。不过，尽管按这种方法估算的收益率不够精确，但结果所反映的基本趋势不容置疑。

图 3.2 表明，在过去 10 年中的每一年内，中国对外资产实现的收

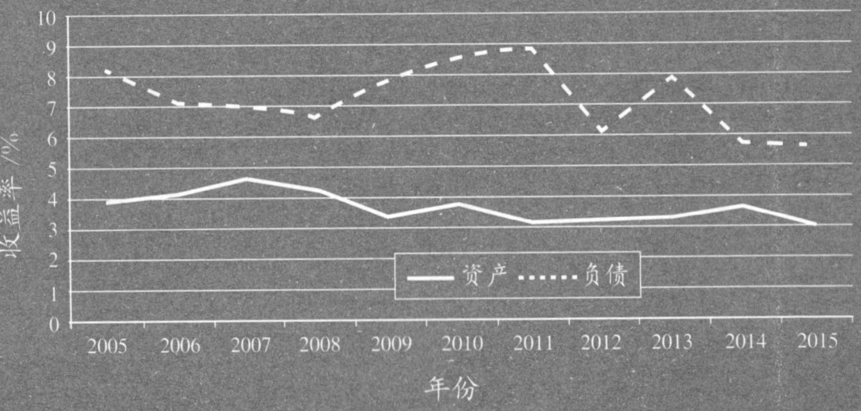

资料来源：国家外汇管理局。

注释：投资收益率为既定年份实现的投资收益流入量（或流出量）占上年年底对外资产（或对外负债）存量的比率。

图 3.2 对外资产及对外负债的收益率（%）

益率均低于对外负债支付的收益率。负债毛收益率与资产毛收益率的年均差异约为 3.6 个百分点。

相比而言，美国对外资产带来的年均收益率约为 4%，其对外负债支付的收益率则是 2.7%，即投资收益流入高于投资收益流出 1.3 个百分点。这就可以解释，为什么美国是世界上最大的净债务国，但其净投资收益始终为正值。

就这样，在不经意之间，中国成为全世界的银行，只不过这个银行非常慷慨——支付的存款利率高于收取的贷款利率。要理解这种令人费解的局面，我们不妨考虑这样一种情形：如果一家当地银行提供的存款利率高于这家银行提供的抵押贷款利率，你肯定不会认为这是一家好银行。

不过，如果你存款的银行经营风险极高，那么，只有拿到更高的利息回报，你才会愿意承担银行倒闭或是出于某种原因而不能按时支取存款的风险。另外，抵押贷款对银行而言则是更安全的选项。毕竟，只要房价预期坚挺，银行就可以通过取得房产所有权而收回贷款。因此，银行或许更愿意以较低利率提供贷款。

那么，中国为什么会接受这样的交易呢？在中国的对外资产中，很大一部分是发达国家的低收益政府债券，这是因为其大部分对外资产属于央行资产负债表中的外汇储备。在对外汇储备进行管理时，中国人民银行也要和其他央行一样，优先考虑投资的安全性和流动性，而后才会考虑其盈利性。外汇储备是一国防范不时之需的资金源泉，中央银行绝不会拿这些投资的安全性开玩笑。它们不仅要始终维持外汇储备的安全，还要保证外汇储备随时具有足够的流动性。与高风险资产相比，安全性较高的资产往往只会带来较低的收益率。

相比而言，对投资中国的外国投资者，包括美国投资者来说，他们更关心的是投资能否带来更高的收益率。尽管高收益投资的风险也相对较高，但基于中国在过去 30 年的长期高速增长，这种以高风险换取高收益的投资确实让外国投资者获益颇多。

如果从这个问题的另一方面来看，美国显然是最大的受益者。在以美国为目的地的海外投资中，相当大一部分采取了债券形式，尤其是美国的国债。由于投资者普遍认为美国国债具有良好的安全性和流动性（易于交易），导致其支付的收益率非常低。因此，从美国流出的投资收益自然也少得可怜。相比之下，在美国的海外投资中，约60%为FDI和股票投资，而两类投资的收益率通常较高。这样，流入美国的投资收益率自然会高于流出美国的收益率。

就这样，一方面，中国为美国国债埋单，并把大笔储蓄输出到发达国家，却只能换回可怜巴巴的收益；另一方面，精打细算的外国投资者却在中国赚得盆满钵满，这样的局面必定会刺痛中国的神经。这或许是促使中国加大外汇储备中投资于高收益资产的比重，鼓励私人海外投资，并借此推动海外资产组合多元化的一个重要动机。

当然，中国人民银行也不可能抛弃安全性和流动性的标准，因为中国还是需要拥有足够的流动性储备，以备在资产负债状况出现严重恶化时应急之用。因此，政府已开始借助主权财富基金等其他国有机构主动寻求高收益性投资。更值得关注的是，中国积极鼓励私人、企业和金融机构开展海外直接投资，推动私人机构承担提高对外资产收益能力的责任。

积极应对：调整资本流出结构

中国的资本账户政策已导致其金融资本的输出模式出现巨大改变。这里所说的金融资本不仅包括前述的总资本流出（如对外直接投资和海外股权投资），也涉及中国人民银行持有的外汇储备。为进一步解读总资本流出的结构变化，我们不妨将资本流出分为两大类：

1. 中国人民银行积累的外汇储备；

2. 私人及官方非储备型资产流出总和，外加“净误差与遗漏”（正数为加，负数为减）。

第 2 类资本流出包括中国投资有限责任公司的主权财富基金，以及其他国有企业和金融机构进行的海外投资。

在国际收支平衡表中，负“净误差与遗漏”主要是未被纳入记录、通过非正式或非法渠道流出的资本。因此，在计算总资本流出时必须考虑这个要素。

图 3.3 为上述两个部分占总资本流出之比的三年期移动平均数。可以看到，总资本流出结构的长期变化趋势十分显著，即从外汇储备大幅转向私人及国有机构带来的官方及非官方流出。2014—2015 年，中国开始主动运营官方储备存量。

与此同时，其他形式资本流出也大幅增长。这种转变完全符合国家外汇管理局的目标：将外汇风险从中央银行的资产负债表向个人、企业及主权财富基金等国有控股机构转移。鉴于国家外汇管理局管理的储备只能投资于安全性和流动性较高的金融资产，因而很难在盈利性方面有所作为。因此，这种转移有助于提高中国对外资产的总体收益率。

“人民持有外汇”（而非中国人民银行和国家外汇管理局）这一目标对中国的未来资本流出影响深远。中国对发达国家低收益政府债券的需求量有可能持续减少，而对海外股票及公司债券市场，以及不动产等资产的需求将持续增长。但这种模式也并非没有风险。中国政府已开始为居民及企业进行多元化海外投资创造条件，并取得了显著效果。但考虑到其国内证券市场及机构投资者监管的弱化，这种风险转移有可能危及家庭及企业的资产负债状况。此外，如后面的第 8 章所述，外汇储备的快速减少显然不是中国政府愿意看到的结果。

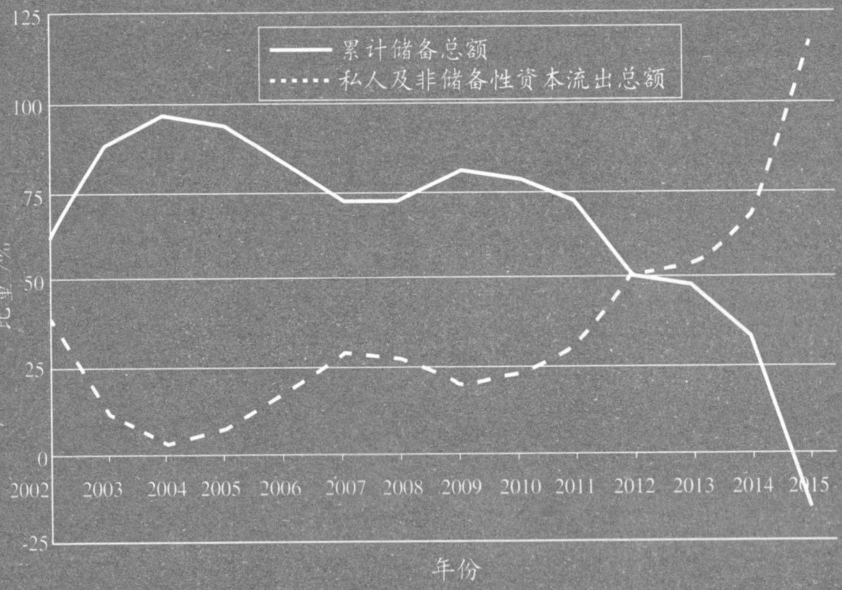

资料来源：国家外汇管理局及香港环亚经济数据有限公司（CEIC）。

注释：上述图形为净外汇储备余额和其他资本流出量占总资本流出之比的三年期移动平均数。其中，其他资本流出包括私人资本流出及中国官方机构的对外投资，例如主权财富基金。

图 3.3 中国资本流出的结构（%）

特洛伊木马?

除了改善中国的海外投资总体收益率外，还有另一层更隐晦的原因促使中国人民银行将开放资本账户作为当务之急。在过去 10 年中，中国人民银行始终积极推动金融市场的改革及管制放松。尽管中国最高领导层对中国人民银行的改革举措给予支持，但完善金融系统的路上依旧有重重阻碍。大型银行，以及依赖银行资金的大型国有企业和地方政府已成为改革的最大阻力。作为现有制度的既得利益者，他们当然不愿意接受更自由的金融系统，因为那不仅意味着更激烈的竞争，也减少了他们坐享其成的机会。

大规模改革的实现要么借助于一场危机，因为危机会让改革成为唯一的选择；要么需要一种新的、赢得民众广泛赞同的制度框架，借助其有效的支撑，将理想化为现实行动。在和平盛世的大背景下，中国人民银行只能借助第二种渠道。无论是在党内还是普通民众中，一个强大经济体的货币应在全球金融中拥有相应话语权的思想都颇为流行，而这种观点容易导致民粹主义思潮的盛行。

因此，让人民币成为全球储备货币的目标需要更宽泛、更深邃的动机：进一步推进国内改革，改善中国经济增长的质量及可持续性。将整个国家团结到这一目标之下，自然有助于获得支持，至少减少了改革阻力，让目标成为可能实现的现实。改革将进一步完善中国的银行体系，拓宽金融市场的发展空间，建立更为灵活的汇率机制，并促进更多新公司进入保险等目前尚未被限制的金融领域。尽管改革不能保证人民币最终将取得怎样的国际地位，但显然有利于中国经济的进一步增长。

为了提高人民币国际地位，中国亟须在制度上有所突破。这种突破的紧迫性被中国人民银行放大到了极致，尤其是在探索放开资本账户的具体方法上。毫无疑问，双向资本流动的闸口一旦被打开，就很难再关上。因此，中国人民银行迫切需要推动资本账户的开放进程，因为这一改革不仅难以逆转，而且有助于催生其他领域的改革。比如说，在丧失了对存款的控制权之后（因为存款人可以更方便地投资于海外），要维持盈利，中国内地银行就必须提高服务质量和经营效率。

正如中国人民银行行长周小川在接受采访时所言：

> 为推进人民币汇率改革，注意选择合适的时机和窗口，尽量减少负面溢出效应。推进改革要有窗口选择，讲求时机、配合和操作技艺。有些改革是不怕慢就怕站，不能“一朝被蛇咬，十年怕井绳”。

不过，周小川行长也提到，中国人民银行不会将改革速度放在第一位，并突出强调了“避免在缺乏这种机会窗口时盲目冒进”的必要性。他指出，政府愿意耐心等待，并在必要情况下为改革创造有利条件。

有了明确的目标（提高人民币的国际地位），以及充满激情和效率的推动者（中国人民银行），中国的资本账户开放步伐已超出预期。中国人民银行以实际行动彻底击碎了一种普遍观点：全球金融危机必将阻碍新兴市场国家开放资本账户。当然，这并不是说中国的资本账户已接近于完全开放。相反，有一个更令人关切的问题：中国政府对资本账户的开放程度将最终定位于何处？

抉择：独一无二的新模式

中国有选择、有步骤地开放资本账户，既改善了人民币的国际地位，又没有招致实行资本账户完全放开带来的潜在弊端。但这种模式也限制了人民币的国际化使用，也就是说，如果没有更有力度的在岸市场，很难发挥其最大潜能。比如说，在缺乏更开放的资本账户条件下，全面发展中国的外汇及其衍生品市场几乎是不可能的。

因此，最令外界感兴趣的话题就在于，中国制定资本账户政策的目标，是否就是要创造一种优于完全可兑换的风险 - 收益抉择机制。香港金融管理局前主席任志刚曾表示，中国的长期目标应该是建立完全的资本账户可兑换。按照他的说法，就是在放松资本管制的同时，通过注册登记和报告要求等手段维持“软”控制形态的监管制度。任志刚还将这种方法与完全不受控制的资本流动监管体系进行了详细的区分，并将后者定义为“自由”的资本账户可兑换。这种细微却异常重要的区分与中国领导层的观点不谋而合。按照这个定义，完全可兑换提供了一条通往资本账户放开但无须将控制权完全交由市场的路径。

在进入 21 世纪伊始，中国政府官员曾在多种场合表示，中国将在 10 年内实现资本账户放开。在与 IMF 中国办事处团队的会晤中，他们也做过类似表态。此后若干年，官方始终坚持这一立场，在资本账户放开的目标上保持了高度一致性。2015 年，放开资本账户的目标和时间框架已经开始具体化，并以更具体的语言在 2015 年初发布的“第十三个‘五年规划’”中做了表述。尽管“规划”的措辞似乎一如既往，但《华尔街日报》认为，“提议……号召让‘人民币’在未来 5 年内实现可自由兑换和使用，为寻求已久但被长期推迟的资本账户可兑换制定了新的时间表，以循序渐进的方式实现货币的自由跨境流动。”

在一次新闻发布会上，国务院总理李克强做出阐述，“中国正在致力于实现资本账户下的人民币完全兑换。这表明，中国正在采取进一步措施开放资本市场。”在随后的采访中，习近平主席再次重申了这一目标，但他同时指出，这只是中国一贯政策的延续。

20 多年来，中国一直在朝着资本项目可兑换方向努力。目前，人民币资本项目完全不开放的交易已经不多。中国正在稳步有序向前推进人民币资本项目可兑换相关工作。

中国人民银行行长周小川在2015年4月IMF会议上的一番讲话，或许有助于我们领会中国政府在这个问题上的深层次意图。他指出，自全球金融危机以来，资本账户可兑换这一概念的内涵已发生了变化。中国并不准备实现传统意义上的完全或自由兑换。相反，他认为：

> 中国将采用有管理的可自由兑换。在实现人民币资本账户可自由兑换之后，中国将继续管理资本账户交易，但在很大程度上会以转变过的方式进行，包括使用宏观审慎方法限制跨境资本流动，以及维持币值稳定和金融环境安全。

对此，周小川行长做了深层次解读。他指出，中国将在以下四种情况下保留对资本项目的管制。

> 第一，涉及洗钱、为恐怖主义融资、过度利用避税天堂的跨境金融交易，都应该受到监控和分析。这一实践行为也被大多数国家所采纳。
>
> 第二，新兴市场经济体仍需对银行和企业的对外融资，尤其是以外币进行的融资行为进行审慎管理。
>
> 第三，中国将在合适的时机管理短期投机资本流动，不过，将解除对于支持实体经济发展的中期和长期资本的流动管制。这也是IMF的建议。
>
> 第四，国际收支统计和监测将会加强。正如IMF建议的那样，在全球金融危机后，当国际市场出现非常规的动荡或者国际收支出现问题时，各国可以暂时采取资本控制的方法。

总之，中国已建立起较为宽泛的资本管制体系，但在对待解除管制问题上，则保持有选择、有步骤的审慎态度。针对跨境资本流入和流出的很多限制性措施，已不如以前那么严格，个别政策甚至已被彻底废除。毋庸置疑，中国的资本账户正在日趋开放。尽管部分管制政策依旧存在，但是对资本流动的限制确实在减少，资本账户的事实开放度正在逐步提高。

现实表明，中国政府的初衷在于改善资本流动的自由度，只不过还不希望达到传统储备货币发行国那样的自由度。而这就引出了另一个问题：放开资本账户，将对人民币在国际市场上的价格及其稳定性带来何种影响？

“那会怎样呢？”小熊维尼慢声慢语地说，“一旦我们看不见这个‘坑’，我们还得重新去找，是吧？”

“那有什么好处啊？”小兔瑞比问。

“当然了，”小熊维尼说，“我们一直在找‘家’，但一直没有找到。所以说，我觉得，假如继续找这个‘坑’，我们肯定找不到。但这也是好事啊，因为那样的话，我们或许找到最初没想过的东西，而这个东西或许恰恰就是我们最需要的东西。”

“我觉得那没有什么意义啊。”小兔瑞比迷惑不解地说。

“是的，是没什么意义。”维尼谦虚地说，“虽然现在没有意义，但迟早会有的。当我踏上出发的征程，这一切就将变得有意义。我们在一路上的经历，就是我们一直追求的东西。”

——《菩角小屋》（*The House at Pooh Corner*）

艾伦·亚历山大·米尔恩（A.A.Milne）

第4章

汇率变局

2015年8月11日，在密歇根州的一次竞选活动中，代表共和党参加美国总统竞选的主要候选人之一唐纳德·特朗普（Donald Trump），再次口无遮拦地发泄自己对中国的不满："（中国）一直在打压货币，他们就是在人为地让货币贬值。他们很早就开始这样做了，绝不是才开始。"共和党的另一位总统候选人、共和党参议员林德塞·格林厄姆（Lindsey Graham）则添油加醋地称："中国政府当前降低人民币价值的挑衅性举动并不意外，这只不过是他们长期以来的一贯做法。"同一天，艾奥瓦州共和党参议员、参议院财政委员会主席查尔斯·格拉斯利（Charles Grassley）更是不依不饶地说道："多年以来，中国一直在操纵货币，这只是最新的例子而已。我们早就应该采取点措施了。"

在那一天对中国发难的不只有共和党人。来自纽约的资深民主党参议员查尔斯·舒默尔（Charles Schumer）说："很多年了，中国一直在操纵游戏规则，和美国玩货币游戏，让美国工人无所事事。今天，中国政府依旧不想改变这种做法，而且似乎在变本加厉。"另一位民主党参议员鲍勃·凯西（Bob Casey）则上纲上线地说："政府是时候管管中国的货币欺骗手段了，必须将这个国家列为货币操纵国。"

那么，到底是什么让特朗普、舒默尔，或者美国其他国会议员愤愤不平呢？要知道，就在那一天，中国政府做了一件美国人很早就要求他们做的事情：放松对人民币币值的管理，让市场力量来确定汇率。但美国和世界其他国家没有预料到的是，中国政府的做法非常巧妙。他们在自己最方便，但其他国家最艰难的时刻，做了一件正确的事情。他们并没有在人民币可能会升值的时候调整汇率政策，因为这将损害中国的出口。

相反，在中国政府挑选的节点上，市场恰好在打压人民币币值，这无疑有助于推动出口。在外界看来，中国必须采取正确措施——由市场机制去决定汇率，中国也确实这样做了。可是，这虽然在原则上符合美国及其他国家的一贯主张，却远不能平息他们针对中国的指责。

在过去 20 年里，中国的货币政策已经历了漫长的演进过程。要更好地理解这个演进历程，我们需要回顾一下近期跌宕起伏的亚洲金融市场。

稳定之善

1997 年，昔日的亚洲“经济老虎”被拔掉了牙齿。所谓“经济老虎”是指一批连续多年实现经济高速增长的亚洲国家和地区，主要包括中国香港、印度尼西亚、马来西亚、新加坡、韩国和泰国。但事实表明，它们的增长基础已土崩瓦解。第一只倒下的“老虎”是泰国。1997 年 7 月，泰国放弃对泰铢汇率的管制，泰铢对美元的价值一路下滑。随后，亚洲地区的其他货币随之大幅贬值。外国投资者开始对整个亚洲的经济形势感到担心，争先恐后地撤资逃离。对很多亚洲国家来说，币值下跌在理论上本应是喜忧参半的事情，在现实中却演化为一场不折不扣的灾难。

对这些亚洲国家和地区而言，货币贬值意味着他们在其他国家的市场上更有竞争力，因为其以外币计价的出口产品更便宜。然而，在经济快速增长且总体经济形势向好时，这些国家和地区的企业和政府却囤积了大量以美元计价的债务。于是，当本币大幅贬值时，他们就要面对一个严峻的问题：借债货币与偿债货币的不匹配。公司和政府的收入主要以本币计价，在本币贬值的情况下，以本币计价的美元债务大幅升值（如果本币贬值，购买单位外币所需要的本币必然会相应增加）。

此时，企业就需要在国内市场上获取更多的销售收入去偿还其美元债务，而在整体经济形势下滑的大背景下，收入增长又谈何容易。同样，为偿还外币负债、援助摇摇欲坠的企业，政府只好增加税负，削减开支，而这自然会打压经济增长率。

随着外国投资者拒绝对债务展期并开始提前收回以前发放的贷款，这些国家和地区纷纷出现资金告急的情况。很多原本资金充裕的公司也开始出现流动性危机，而销售带来的现金流又不足以延缓债务危机。这引发了一系列连锁反应，大量企业破产，政府财政空前紧张，而这反过来又造成货币的进一步贬值，形成恶性循环。

在一些亚洲国家和地区陷入泥潭的时候，中国也面临着一个重大抉择。由于债务较少，对人民币进行贬值似乎是最可取的对策。否则，在其他亚洲国家货币纷纷贬值的情况下，中国就要承受丢失海外市场的风险。但是对其他亚洲国家而言，人民币贬值则是一种糟糕的境况，因为这意味着，他们只能承受贬值带来的成本，而没有任何收益可言。于是，全世界都在屏息以待中国的抉择。他们很清楚，如果中国顺乎逻辑地选择维护其本国利益，危机将被无限期地延长，整个亚洲地区会陷入更深重的痛苦之中。

中国选择了静默。在邻国经济和货币在泥潭中挣扎的时候，中国的人民币对美元始终维持坚挺。在 1998 年 10 月的 IMF- 世界银行年会上，中国人民银行时任行长戴相龙指出："由于亚洲金融危机爆发严重影响了本地区的稳定和增长，因此，我们需要维持人民币币值的稳定，严格遵循人民币不贬值的政策。"

中国外交部希望其他国家不要抹杀中国应得到的赞赏。为此，外交部发表声明强调了中国不变动货币政策的良苦用心。

> 中国政府以高度的责任心，从维持地区稳定和发展的整体利益出发，决定不谋求人民币贬值政策。尽管这样做让我们承受了巨大的压力，并付出了沉重的代价，但为亚洲乃至整个世界的经济稳定和发展做出了应有的贡献。

IMF 也认为，中国没有对人民币实行贬值的决定，对该地区恢复稳定起到了至关重要的作用。在被问及中国这一举措时，美国时任财长罗伯特·鲁宾（Robert Rubin）指出："他们非常有先见之明。这个决定正在让他们得到全世界越来越多的尊重。"他还进一步称赞中国为该地区的"稳定枢纽"，对缓冲经济危机发挥了重要作用。英国时任首相托尼·布莱尔（Tony Blair）也声明："我们高度赞赏中国在亚洲金融危机中发挥的积极作用。"

当金融海啸遇上人民币

亚洲金融危机的伤痛并未持久，刚刚进入 21 世纪，海外资本便开始重新进入该地区。但是不久，整个世界就迎来了另一场改变游戏规则的重大事件。在历经复杂而冗长的谈判之后，中国终于在 2001 年成为世界贸易组织（WTO）的成员。这意味着，全世界的市场将对中国的出口商敞开大门，尤其是欧洲、美国和日本等发达国家。

很快，中国的出口总额开始快速飙升，而这就对应着更多资金涌入这个国家。随着中国经济再度恢复高速增长，并重启资本账户放开之路，外来资金的流入量开始迅速增长。这给人民币带来了巨大的升值压力。但中国显然不希望他们的出口机器失去动力，于是，政府开始大举干预外汇市场，以避免人民币升值。在中国制造业增长强劲的情况下，人民币本应出现大幅升值，但中国人民银行的干预使人民币被不断低估。

换句话说，人民币价值被人为压制在由市场力量决定的水平以下。制造业生产率的提升，再加上国内的低工资和被低估的汇率，让中国的出口商在全球市场上展现出巨大的竞争优势。中国的贸易盈余开始急剧膨胀，而这又迫使中国人民银行采取更有力的干预措施，大量买入美元、日元及其他出口换回的货币。这一举措的根本目的，就是抵消人民币（汇率）的升值压力。

2000 年，中国的外汇储备还只有 3 000 亿美元。但到了 2008 年，也就是雷曼兄弟破产引发全球金融危机的那一年，中国的外汇储备已增长到近 2 万亿美元。2009 年，随着世界第一大经济体步入严重衰退，全球经济也随之陷入困境。面对严峻的形势，中国政府开始大规模释放信贷，通过财政刺激政策维持经济增长率。

当全球大多数国家还在泥潭中挣扎时，中国却实现了令人瞠目结舌的增长。2009 年和 2010 年，中国的经济增长率分别达到了 9.2%和 10.6%。当海外市场需求下降导致中国出口放缓的时候，如此强劲的增长，让中国继续维持着巨大的进口需求。于是，中国的贸易盈余开始大幅萎缩，其占 GDP 的比重从 2007 年的最高点 8.7%下降到 2009 年的 4.3%，而 2010—2014 年的平均值更是只有 2.8%。但是，作为危机后增长最快的主要经济体，中国成为全球资金的集结地，这也使得人民币依旧面临巨大的升值压力。由于中国人民银行不断加大对人民币升值的干预力度，因此，中国的外汇储备持续快速增长，并在 2014 年 6 月创下历史新高的 3.99 万亿美元。

在中国外汇储备已逼近 4 万亿美元关口，并且似乎还要无休止地继续上涨时，转折点在当月悄然而至。在分析中国经济图景改变的原因和方式之前，我们首先需要澄清中国人民银行开展汇率管理的方法及其演化历史。

取舍之道：应时而变的汇率机制

谈起中国的货币管理历史，最早要追溯到 20 世纪 80 年代和 90 年代初。这一时期，邓小平及其他改革家致力于让经济发展摆脱对政府的依赖。尽管政府依旧控制着经济的大多数方面，但改革者已认识到自由竞争的意义，并指出，只要有政府的监督，自由企业完全可以与党和国家的核心原则保持一致。尽管国际贸易已有了较大发展，但当时的中国在很大程度上对外依旧封闭，尤其是在资金流动方面。

在那个时候，中国有一个官方汇率和一个适用于官方认可的外汇调剂中心的独立汇率，后者依据供给力量和需求力量，更加自由地决定货币价值。人民币兑换美元的官方汇率被高估。也就是说，为了兑换等量美元，使用官方汇率时，需要较少人民币，而使用调剂汇率，则需要较多人民币。进口商需要使用美元或其他硬通货币支付国外供应商，他们可以经由有利的官方汇率兑换美元（仅需较少的人民币），但总额是受限制的且只有少数人可以此汇率兑换到美元。直到 1994 年，由于两种汇率的价差变大，且中国人民银行的外汇储备捉襟见肘，这种双轨制汇率系统变得越发不稳定了。

1994 年年初，中国政府下调官方汇率，使之接近于更为市场化的贸易汇率。随后，又将官方汇率和外汇调剂价格并轨，实行单一汇率。从 1994 年开始，人民币汇率采取了单一钉住美元的汇率制，也就是说，固定人民币对美元的汇率，人民币价格随美元同步浮动。这种钉住汇率制一直延续到 1997—1998 年的亚洲金融危机。

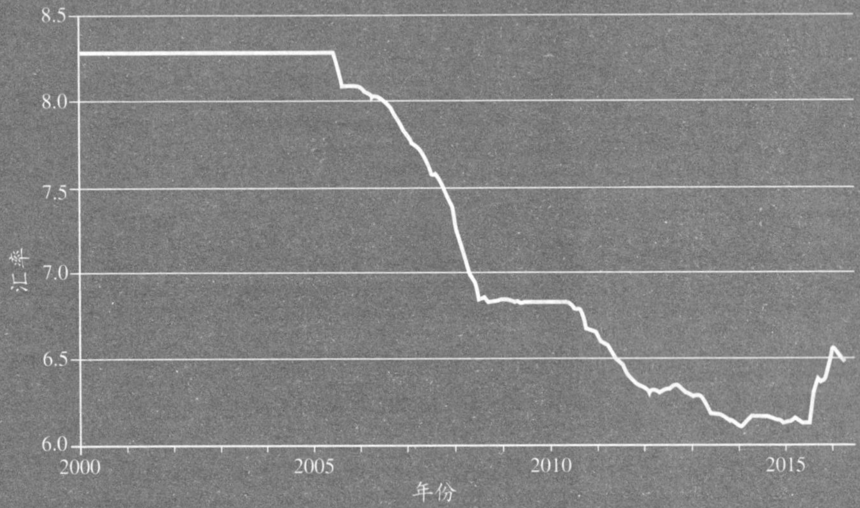

资料来源：国家外汇管理局。

注释：曲线的下降趋势显示为人民币的升值过程（购买 1 美元所需要的人民币金额逐渐减少）。

图 4.1
人民币对美元的汇率
（2000 年 1 月—2016 年 4 月）

这种钉住汇率制整整维持了十几年。2005 年 7 月，中国人民银行宣布，将取消人民币钉住美元的汇率制度。原则上说，中国人民银行开始实行有管理的浮动汇率制，以市场供需力量确定人民币的价值，并同时参考一篮子货币进行调节，而不再是单一钉住美元。在美国与中国贸易的比重逐渐下降的背景下，这显然是有利于中国经济增长的。

但当时中国人民银行并未指出哪些具体币种被纳入这个一篮子货币。直到一个月之后的 2005 年 8 月，在上海的一次公开会议上，中国人民银行行长周小川宣布："考虑到美国、欧盟、日本和韩国已成为中国最重要的贸易伙伴。因此，他们的货币将会被放入一篮子货币。"《人民日报》针对此次讲话发表的报道指出："新加坡、英国、马来西亚、俄罗斯、澳大利亚、泰国和加拿大同样在中国的对外贸易中扮演重要角色。因此，它们的货币对人民币汇率同样至关重要。"然而，尽管有上述种种说法，但是在实践中，美元依旧是管理人民币价值的主要参照基准。

新的汇率体系建立在有管理的浮动汇率基础之上，其核心表现为：在某一天外汇交易开始时，由中国人民银行宣布相对于美元的中间价（或称参照价），作为当日人民币开始交易的价格。每日银行间外汇市场美元兑人民币的交易价在上述公布的美元交易中间价上下 0.3%幅度内浮动。也就是说，在任何一个交易日，上海外汇交易中心的外汇价格根据市场供需实时浮动，但涨跌幅度不得超过中间价的 0.3%。按这个逻辑可以设想，如果人民币每日上涨 0.3%，那么，几天或几周内累计起来的涨幅将相当可观。但是在实际操作中，对人民币 - 美元汇率的管理同样是持续的。实际上，不管前一交易日成交价与中间价差距多大，每日中间价的设定通常都会接近于当日中间价，而不是前一交易日的成交价。不过，这种固定中间价的汇率机制，依旧允许人民币对美元出现循序渐进的升值（图 4.1）。

2007年5月，银行间即期外汇市场人民币兑美元交易价的浮动幅度由0.3%扩大至0.5%。对此，中国人民银行的官方解释如下。

为进一步完善以市场供求为基础、参考一篮子货币进行调节、有管理的浮动汇率制度，促进外汇市场发展，提高金融机构自主定价和风险管理的能力，中国人民银行决定扩大银行间即期外汇市场人民币兑美元交易价浮动幅度。

对于中国此举，国际货币基金组织和美国财政部仅做出有限的积极反应。而在接受《华尔街日报》采访时，一名外汇交易商则持完全否定的态度。他说：“这与人民币升值没有任何关系，那只不过是给美国财长亨利·保尔森（Henry Paulson）看的，我们甚至连一半幅度都看不到。”

到2008年夏季，人民币对美元汇率已较2005年6月升值了17%，达到1美元兑换6.84元人民币。随后，在2008年9月，雷曼兄弟的破产将全球金融拉到崩溃的悬崖边。

在未经任何官方宣布的情况下，中国人民银行悄然无声地将人民币再次钉住美元，显然，他们不希望看到人民币的大幅波动进一步搅动原已跌宕起伏的经济环境。

2010年6月，随着全球经济缓慢走上复苏之路，中国人民银行重新放松钉住汇率制。这一次依旧没有任何正式公布。不过，这样的做法可以理解，既然两年前迈出那一步时没有宣布，那么，两年后撤回这一步当然无此必要。不过，中国人民银行发言人实际上对此次调整已经做出过暗示：

进一步推进人民币汇率形成机制改革，增强人民币汇率弹性。在本次国际金融危机最严重的时候，许多国家货币对美元

> 大幅贬值，而人民币汇率保持了基本稳定，为抵御国际金融危机发挥了重要作用，为亚洲乃至全球经济的复苏做出了巨大贡献，也展示了我国促进全球经济平衡的努力。当前全球经济逐步复苏，我国经济回升向好的基础进一步巩固，经济运行已趋于平稳，有必要进一步推进人民币汇率形成机制改革，增强人民币汇率弹性。

IMF 对中国人民银行的声明给予了肯定，认为这将有助于提高汇率弹性，重归全球金融危机前已经采用的有管理的浮动汇率制。时任美国总统巴拉克·奥巴马（Barack Obama）称此举是“有建设性的措施，将有助于全球经济复苏，有利于建立更平衡的全球经济”。时任美国财长蒂莫西·盖特纳（Timothy Geithner）则进一步指出：“我们欢迎中国做出提高其汇率弹性的决定。如果能在实践中得到有力的执行，必将有助于推动更强大、更均衡的全球经济增长。”

美国的愤怒，市场的选择

需要提醒的是，官方只是说要提高汇率的弹性，但并没有说要人民币升值，而后者才是美国及中国的其他贸易伙伴真正想看到的结果，因为中国出口商的价格优势已让他们气喘吁吁。在他们心目中，始终坚持这样一个假设：更具弹性的人民币汇率只会带来一种结果——升值。唯有在 IMF 的声明中认为，更强大的人民币是实现中国经济再平衡的重要手段。而 IMF 的理论前提是，更坚挺的货币将提高中国家庭的购买力，鼓励他们减少储蓄，增加消费。这必然有助于调整中国 GDP 增长结构，摆脱对投资和出口的依赖，强化居民消费对增长的推动作用。以这种方式实现经济增长的再平衡恰恰也是政府公开宣传的经济发展目标。

2012年4月，中国人民银行决定将银行间即期外汇人民币兑美元交易价浮动幅度由0.5%扩大至1%。IMF再次给予了充分肯定，并强调这将进一步推动中国调整经济增长结构，强化提高内需对经济增长的作用，让市场在汇率形成过程中扮演更重要的角色。

面对外界认为IMF的反应过于草率的指责，国际货币基金组织总裁克里斯蒂娜·拉加德（Christine Lagarde）重申："这绝不是一时头脑发热做出的决定，而是沿着正确方向走出的非常正确的一步。"

但美国财政部对此反应冷谈，其声明的大意是"迄今为止，我们对事态进展表示欢迎，但人民币汇率的调整依旧不彻底，还需采取进一步措施"。

2014年3月17日，银行间即期外汇市场人民币兑美元交易价的浮动幅度被进一步扩大至2%。

实际上，在此前召开的一场记者招待会上，中国人民银行负责人就已释放了再次提高汇率弹性的信号，并阐述此举对中国经济利好的原因：

> 中国共产党第十八届中央委员会第三次全体会议的公报提出，应让市场在资源配置中起决定性的作用。作为生产要素市场的一个重要价格，汇率是影响国内外资源配置的重要因素之一。扩大汇率浮动范围有利于提高汇率的弹性，提高资源配置的效率，进一步强化市场的决定性作用，为经济增长转型和结构调整创造条件。

对此，IMF和美国财政部给予了肯定。但就在一个月之后，人民币对美元便经历了一轮大幅贬值。坊间普遍认为中国人民银行是背后推手，旨在打击重仓下注人民币升值的投机者。美国财政部以极其强硬的辞藻对人民币大幅贬值提出指责：

> 中国政府一直在人为限制人民币的升值幅度，以至于人民币始终未能达到市场均衡价位，而长期以来的渐进式调整一夜间便化为乌有。中国应立即停止干预外汇市场，提高其货币政策的可信度，促进其汇率及金融市场的透明度。

尽管美国人对中国的汇率政策积怨重重，但不可否认的是，2005 年 6 月—2014 年 6 月，人民币对美元汇率已升值近 25%。如按贸易加权指标计算，人民币在此期间的名义汇率升值幅度甚至更大，几乎达到了 30%（图 4.2）。

不过，美国政府面对的局面确实令人尴尬：2014 年，美国对中国的贸易逆差攀升至历史最高点，接近 3 500 亿美元。换句话说，即使人民币对美元持续低速升值，美国从中国进口的商品和服务金额依旧高于对中国的出口金额，而且这个比率还有进一步提高的趋势。考虑到美国当时正在经历的低就业增长，因此，中国成为美国政客的攻击目标，不过是意料之中的事情。

中国，唯一的例外？

与此同时，全球经济本身也处于失衡状态。2014 年下半年与 2015 年，美国与其他主要发达国家的经济周期呈现出两极分化的态势。美国的经济复苏趋势持续增强，而欧洲和日本仍在衰退中煎熬。欧洲央行（ECU）和日本央行（BOJ）不仅要为经济增长绞尽脑汁，还要面对几乎无药可救的通货紧缩。

到 2015 年夏季，分道扬镳似乎只是时间问题：美联储将提高利率，而欧洲央行和日本央行还要近乎绝望地加大货币投放量并实行货币贬值。在此期间，美元对其他主要货币均出现大幅升值，唯有一个例外。

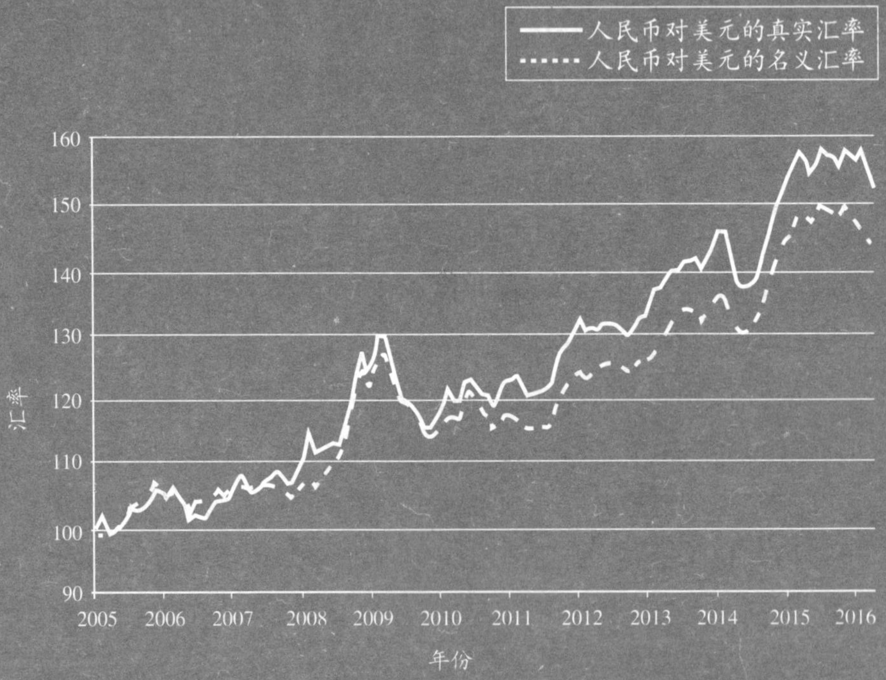

资料来源：国际清算银行（BIS）。

注释：以2005年6月的汇率为起点，并设定指数为100。上升的折线对应于人民币的升值，下降代表人民币的贬值。

图 4.2 名义汇率和真实汇率

由于中国人民银行继续对人民币 - 美元汇率进行管理，因此，唯独人民币对美元小幅贬值。而且，尽管中国的经济增长率已然放缓，出口受外部需求疲软也大幅减少，但随着美元的持续坚挺，人民币对其他主要货币的汇率随之走强。

从 2014 年 7 月到 2015 年 7 月，人民币对美元仅贬值 0.8%。即便中国经济增长动力持续减弱，但是按贸易加权指数计算，人民币对主要贸易伙伴国货币的汇率依旧大幅升值了 14%。

这一次，人民币的升值压力得到了进一步释放。2015 年 5 月，IMF 宣布，人民币价值已不再低估。这场历经十几年努力才实现的巨大转变表明，更坚挺的人民币不仅有利于中国经济，而且更有利于全球经济均衡增长。

除人民币自 2005 年以来的大幅升值以外，中国的经常账户盈余（包括贸易盈余和国外要素收入净额）也出现了大幅下降，占 GDP 的比重从 2007 年的 10%减少到 2011—2014 年的 2%（图 4.3）。

此外，随着中国经济增长的放缓，预期人民币继续升值已不再合理。但面对来自美国国会的压力，美国政府依旧显得不依不饶，虽然肯定人民币升值这一不争事实，但并不接受人民币不再低估的说法。

不过，美国政府对中国继续人为贬低货币价值的论断似乎越来越站不住脚。作为中国干预外汇市场的重要标志之一，其外汇储备存量在 2014 年 7 月以来出现了大幅萎缩。2014 年 6 月，中国的外汇储备达到了历史最高点 3.99 万亿美元，但到 2015 年 7 月，其外汇储备已减少到 3.65 万亿美元（图 4.4）。

在减少的 3 500 亿美元外汇储备中，货币的估值效应至少起了一定的作用。尽管缺少官方数据佐证，但大家普遍认为，在中国的全部外汇储备中，约 2/3 是以美元计价的金融资产。其余部分很可能主要是以欧元和日元计价的资产，以其他货币计价的资产占很少一部分。在此期间，由于美元实际上对其他所有主要货币均出现升值，因此，在中

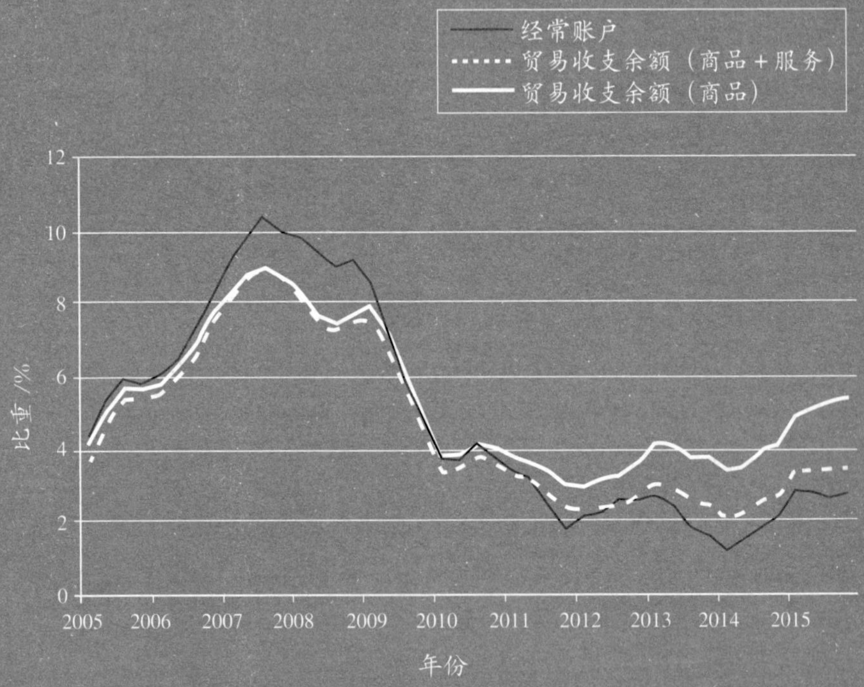

资料来源：国家外汇管理局和国家统计局。

注释：经常账户余额（黑色实线）、商品和服务的贸易收支余额（白虚线），以及商品贸易收支余额（白色实线）均表示为占名义 GDP 的比重。图上的线代表上述三个变量在四个季度内的移动平均数。

图 4.3
经常账户与贸易收支余额
（%，占名义 GDP 的比重）

国外汇储备的资产结构保持不变的情况下，除以美元计价的部分之外，其余部分的资产均出现了贬值。这其实是一个再简单不过的算术题：当欧元对美元贬值时，欧元资产以美元计价的金额就会减少。

但反向的市场估值效应掩盖了这种货币估值效应的真实结果。在这一时期，全球金融市场表现疲软，压低了很多金融资产的市场价值，尤其是股价。因此,中国持有的很多境外资产可能已跌破名义市场价值。

我们无法就货币估值与市场估值双重效应给中国外汇储备头寸数字带来的影响做出精确估算，因为中国从不公开披露其外汇储备结构，其中到底有多少外汇、多少金融资产，自然也不得而知。官方数据显示，在 2015 年减少的外汇储备账面价值中，2/3 可归结于估值效应，这与很多第三方机构分析师的预测较为接近。

而中国大量消耗外汇储备的目的，就是为了维持人民币对美元汇率的稳定性，这与以往中国人民银行在外汇市场实行了十几年的做法截然相反。中国的贸易盈余已大幅收窄，对经济走势不明朗的担心导致金融资本的流入也有所减少。此外，资本账户放开拓宽了全球多元化投资的渠道，国内资金向海外转移的趋势也逐渐抬头。所有这一切表明，国外对人民币的需求正在下降，而中国人对外币的需求则开始上升。

考虑到人民币面对的升值压力，中国人民银行开始卖出资产负债表中的美元存量，同时买进人民币，以维持人民币对美元的汇率。外汇储备仅仅一年就减少了 3 500 亿美元，这似乎是一个不祥之兆，但是与中国的外汇储备总量相比，还不到 10%。现有趋势显示，中国人民银行或将继续引导人民币对美元汇率温和下降。要保证这个过程平稳有序地进行，当然需要进一步消耗其储备。国际社会对中国经济态势普遍持观望态度，其股票市场自 2015 年 6 月高点后走向持续震荡，这无疑会削弱国内外投资者的信心。不过，外汇市场却平静如水。

中国货币市场的宁静或许只是稍纵即逝的假象。

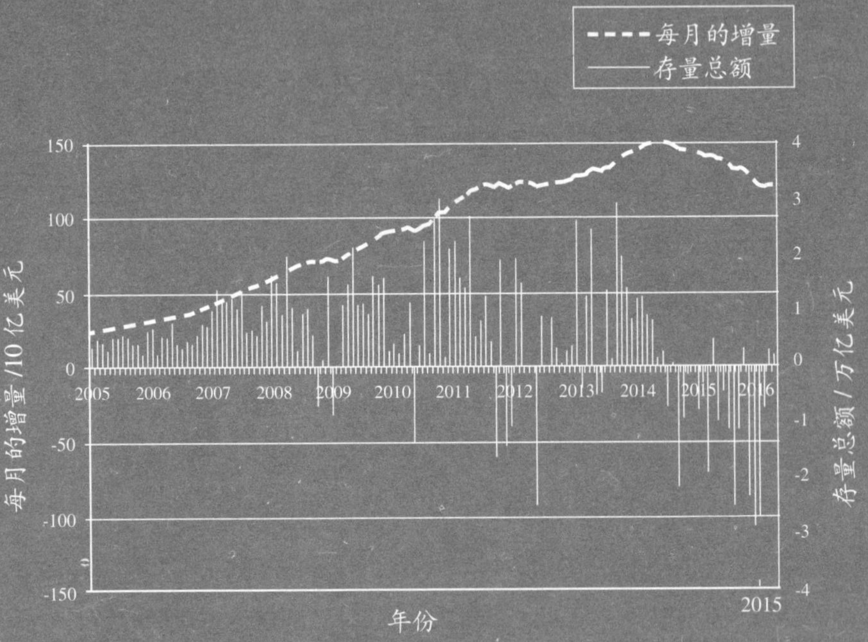

资料来源：中国人民银行。

图 4.4 中国的外汇储备

成长的代价：用心良苦但事与愿违

2015 年 8 月 11 日，中国再次让全球金融市场为之震颤。掀起这轮波澜的始作俑者就是中国人民银行，而起源仅仅是因为他们做了一件全世界一直催促他们做的事情：放开汇率管制，由市场决定汇率。不过我们同样需要了解，还有哪些事情中国没有做，以及中国为什么要如此来调整其汇率政策。

中国的外汇管理由三个要素构成：首先，中间价机制，即由中国人民银行每天早晨为中国外汇交易中心（CFETS）设定人民币兑美元中间价；其次，银行间即期外汇市场人民币兑美元交易价围绕中间价上下浮动 2%，这就确定了人民币对美元汇率的当日最大波幅；最后，有管理的浮动，避免汇率剧烈波动。当中国人民银行认为汇率在某个方向上振幅过大或速率过快时，可采取措施调节汇率波动。

2015 年 8 月 11 日，在毫无征兆的情况下，中国人民银行对汇率管理机制的第一个要素做出调整，并同时将人民币相对美元的估值下调 1.9%。在这项措施中，第一步骤意味着，在中国外汇交易中心，每天开盘时的人民币兑美元中间价将完全跟踪上一交易日的收盘价。当然，该中间价还要考虑美国及欧洲市场在上海市场收盘时的交易情况。

按照中国人民银行的说法，此举的目的在于“完善人民币中间价的报价机制”。这背后的关键在于，从理论上说，中国人民银行将不再单方面设定每天开盘时的中间价，因为如此设定的价格与外汇市场实际交易情况不符。

至于汇率管理的其他两个要素，在此次改革中未作调整，也就是说，为降低日内波幅或汇率在某个方向上的“过度”波动，中国人民银行依然会干预外汇市场。

中国人民银行巧妙地将人民币贬值与汇率市场化形成机制改革捆绑到一起。此举本应招致责难：实际上，它只是另一种精心设计的货币贬值手段。从技术上说，中国人民银行通过减少外汇市场干预来维持人民币的币值，这本身就是强化汇率市场化的一种手段。此外，还可以将此次贬值解读为一次相对保守和防御性的补贬。

此举的目的在于发出一个信号，即如果美元对其他主要货币继续升值，中国人民银行将不再维持人民币对美元的汇率。此时，贬值即可成为当然选项。如上所述，早在进行此次调整之前，人民币的贸易加权有效汇率实际就已大幅升值，尽管中国的经济增长率还在持续放缓。其中的很大一部分原因就在于，美元对其他所有主要货币实际都在升值。因此，在经济增长动量消退的情况下，维持货币升值根本就没有任何意义。

然而，中国的汇率政策调整还是在全球股票市场引发了负面效应，当然也包括美国股市。此次汇改留给市场很多想象空间。在外界看来，它是中国应对国内经济增长乏力做出的反应，而非着眼于汇率本身的市场化改革。

当然，这次调整也在全球货币市场引发强烈连锁反应。国际外汇市场剧烈震荡，新兴市场国家货币纷纷贬值，一些国家甚至改变汇率制度，允许汇率更大幅度贬值。此次汇率制度的调整被普遍解读为中国将步欧洲央行及日本央行后尘的信号，也就是说，试图以廉价货币提振出口，扭转国内需求不足的局面。在消息发布后的两天里，人民币对美元的汇率再次下跌 2 个百分点。随后，面对自由落体式的贬值，中国人民银行不得不出手干预。

那么，中国为什么要以如此不合时宜的方式实施改革，以至于不得不马上对更自由的汇率浮动机制进行刹车呢？中国人民银行负责人在随后的声明中指出，他们认为，为防止投机者利用汇率改革进行单边下注（人民币贬值），对汇率水平进行适当调节是有必要的。如果允许人民币更自由的浮动，且有更多市场参与者预期人民币贬值，那么，人民币必定贬值。贬值可能会过度和过激。因此，最初的干预是为了避免这次贬值变成为货币投机商准备的大礼，但中国人民银行认为，随后汇率会围绕新的价位进行更自由的浮动。

汇改第二周是生死攸关的时刻。就在这一周，央行行长助理张晓慧表示："自中间价基础报价完善以来，人民币经过两天的调整，逐渐向市场化水平回归，3%左右的累积贬值压力得到一次性释放，偏差校正已经基本完成。"中国的官方媒体新华网则援引了中国人民银行首席经济学家马俊的话："此次调整属于一次性的技术校正，不应解读为进一步贬值的信号。"

中国人民银行在沟通机制上的缺乏，客观上加剧了局势的混乱。有一个教训可能会让央行的官员终生难忘，那就是沟通的有效性。含混不清的沟通，尤其是针对重大政策调整的沟通，极有可能让市场陷入疯狂。而发布此次汇改消息的记者招待会，以及随后官网上发出的两次"问答"，让中国人民银行在沟通机制上的缺漏被放大到了极致。实际上，直到在官网上发布汇改消息的 36 小时之后，中国人民银行才召开记者招待会，对汇改政策做出全面解释。

可以想象，在瞬息万变的金融市场上，这无疑是非常漫长的一段时间。在如此长的时间里，全球投资者只能揣摩汇改背后的动机，由此带来的损失可能难以估量，而央行在管理政策调整上的能力由此可见一斑。

随后，中国人民银行终于采取果断措施，及时纠正市场流传的误读，即打着汇改的旗号为人民币贬值创造机会。在 8 月 13 日早晨召开的新闻发布会上，中国人民银行副行长易纲表达了如下观点："所谓人民币要贬值 10%以刺激出口，还说这是官方意图，完全是无稽之谈。"

此外，他还进一步强调指出，汇改的核心目的在于提高汇率弹性，而提高汇率弹性注定有利于中国："这对我们来说是好事。如果是一个固定汇率，比如说你始终不动，大家都习惯了人民币不动。这种固定的汇率看上去很稳定，但是实际上它在积累问题、积累矛盾、积累一些不均衡，积累达到一定程度也是不可持续的……灵活的汇率有助于实现更为稳定的资本流入与流出。”

此外，国务院总理李克强在另一场合也指出：

> 至于人民币的国际化，那将由市场来选择，也要根据中国经济发展的实际，它有一个过程，我们也会逐步推进资本项下可兑换等措施。但有一点可以肯定，人民币持续贬值一定是不利于人民币国际化的，这不是我们的政策取向。中国愿意加入SDR，不仅是为了人民币逐渐实现国际化，也是尽一个发展中大国应有的国际责任。中国不是世界经济风险之源，而是世界经济增长的动力之源。

这让美国财政部左右为难。尽管这是他们多年来一直呼吁中国政府需要做的事情，但是当现实突然降临时，美国财政部并没有拍手叫好。美国财政部在随后的声明中指出：

> 我们将继续跟踪这些变化如何实施，并继续敦促中国按部就班进行改革，包括采取更多措施转向以市场为导向的汇率，建设更加依赖内需的经济，这符合中国和美国的最佳利益。改革上的任何退步都将是令人困扰的发展。

美国政府的沉默，以及美国政客的负面回应，最终促使中国人民银行再次回到干预外汇市场的老路上。这一次是为了让人民币对美元继续贬值。

考虑到习近平主席即将在几周之后（2015 年 9 月下旬）对华盛顿进行第一次国事访问，中国自然希望在汇率问题上保持克制，因而采取“缓和平静”的策略。

在白宫玫瑰花园举行的联合记者招待会上，奥巴马总统在讲话中谈及汇率问题时，采取了比以往更直接的方式，而不是委婉地以汇率弹性为由。“习主席谈到了他对加速市场化改革的承诺，避免中国货币贬值，同时，让中国在维护作为全球经济所依赖的、以规则为基础的体系中扮演更重要的角色——毫无疑问，这都是我们非常支持的措施。”

中国国家主席习近平在 2015 年 9 月下旬访美途中的一次讲话中，也试图澄清中国政府关于此次汇改的真实意图，打消各界对中国即将开启下一轮竞争性贬值的顾虑：

> 从国际国内经济金融形势看，人民币汇率不存在持续贬值的基础。我们将坚持市场供求决定汇率的改革方向，允许人民币双向浮动，我们反对搞货币竞争性贬值，反对打货币战，也不会压低人民币汇率刺激出口。发展资本市场、完善人民币汇率市场定价机制是中国的改革方向，不会因为这次股市、汇市波动而改变。

当然，需要安抚的不只有被惊吓到了的政治圈。2015 年 8 月 11 日的这次汇率机制改革，还引发了人民币对美元的在岸汇率和离岸汇率出现大幅偏离。在当月后续的大部分时间里，人民币的离岸价格低于在岸价格，这并不难理解。如果市场将政府的举动解读为贬值策略的序幕，将贬值视为通过提振出口以缓解经济增长疲软压力的手段，那这必然会给人民币带来下行压力。虽然通过干预离岸外汇市场，政府可以限制人民币对美元汇率的下行压力，但导致的后果是，离岸汇率进一步偏离在岸汇率。

到 2015 年 9 月中旬，离岸汇率和在岸汇率的偏离已基本消失。媒体及分析师纷纷认为是中国人民银行和国有商业银行通过直接干预离岸市场达到了这一效果。不过，以这种手段迫使离岸汇率和在岸汇率趋同的做法是否可持续，或者说，中国人民银行是否会允许在岸汇率自由浮动，进而借助市场力量实现两种汇率自然的趋同，尚不得而知。

不过有一点毋庸置疑，中国人民银行为稳定货币价值所采取的措施，进一步消耗了中国的外汇储备。实际上，中国人民银行的做法就是卖出美元及其他硬通币资产，再以收入在公开市场上买进人民币，以支持人民币的价格。仅在 2015 年 8 月，中国的外汇储备总量就减少了 940 亿美元。2015 年 7 月—12 月，外汇储备总量合计下降了 4 150 亿美元。外汇储备的消耗在中国引起了恐慌。因为制造业是中国创造外汇的主要手段，所以在中国人的思维中，外汇储备是无数工人用辛勤劳动换来的血汗钱。

2015年9月访美前夕，习近平主席接受了《华尔街日报》的书面采访。他在回答中向国内外人士发出了这样的信息：

> 近期，中国外汇储备余额下降，主要反映了境内银行、企业、个人等本外币资产负债结构的优化调整。主要有三个原因：一是部分外汇资产由央行转向境内银行、企业等机构及个人持有……这些变化都属于正常的资本流动，在适度可控的范围内。真正以长期投资为目的的外方投资者仍在进入中国。中国外汇储备依然充裕，在世界范围内仍属于很高水平。随着人民币汇率形成机制不断完善，以及人民币国际化推进，中国外汇储备有所增减是正常的，不必过分担忧。

2015 年 10 月 18 日，国务院新闻办公室网站刊载了一篇简明扼要的文章，标题是《正确理性看待外汇储备下降》。文章主旨在于打消人们对外汇储备下降的担忧，并认为这是汇率改革中的一个正常环节：

> 外汇储备减少，市场不必恐慌，对于老百姓来说没有什么太大影响。随着人民币汇率形成机制不断完善，以及人民币国际化的推进，未来外汇储备有所增减也是正常的。

为何不再钉住美元？

2015 年 12 月 11 日，中国人民银行再次以与众不同的手法发出政策调整的信号。当晚，中国人民银行在其官网上以“中国外汇交易中心特约评论员”名义发文。这篇名为《人民币指数的推出有助于引导社会观察人民币汇率视角的转变》的文章指出，中国外汇交易中心（CFETS）将在其官网“中国货币网”上发布一套按贸易额加权的汇率指数。

文章阐述了发布上述指数背后的依据，并指出：

> 长期以来，市场观察人民币汇率的视角主要是看人民币对美元的双边汇率，由于汇率浮动旨在调节多个贸易伙伴的贸易和投资，因此仅观察人民币对美元双边汇率并不能全面反映贸易品的国际比价。也就是说，人民币汇率不应仅以美元为参考，也要参考一篮子货币。

文章重申，发布汇率指数的目的在于“改变公众和市场观察人民币汇率变动的方式”。

实际上，这种方法如在 2015 年 12 月之前实行或许更有意义。譬如，在中国经济缺乏增长动力的情况下，人民币贸易加权汇率指数在 2014 年 7 月—2015 年 7 月的提高显然不是好消息。在美元对其他主要货币升值的情况下，中国人民银行维持人民币对美元汇率大幅下降的结果，必然会带来加权汇率指数的上涨。

实际上，如果中国人民银行参照贸易加权的货币篮子而非美元管理人民币汇率，这个结果原本是可以规避的，因为这样的话，就能维持人民币相对货币篮子价值的稳定。

不管怎样，经过 8 月 11 日关于汇改沟通问题的争论后，中国人民银行在实务和沟通方面均有了明显改进。首先，汇改将 2005 年以来即在原则上业已形成的政策付诸实践，为央行实现人民币与美元脱钩创造了条件；其次，通过在启动实施前及时吹风，中国人民银行为人民币对美元的短期贬值做了铺垫，以应对美元进一步坚挺。当然，这也为货币的未来走势提供了更合理的参照点。

尽管央行政策行为的透明度得到明显改善，但公众对央行管理人民币价值所参照的货币篮子仍然疑问多多。归根到底，人们更关心各种货币在篮子中的比重，但央行对此讳莫如深。中国外汇交易中心指出，他们将定期发布三种汇率指数：第一种指数，以交易中心当时与人民币交易的 14 种货币中的 13 种为基础（不包括哈萨克斯坦坚戈）；第二种指数，以国际清算银行（BIS）使用的货币为基础；第三种指数，以四种主要储备货币（美元、欧元、日元和英镑）为基础。最关键的一点在于，人民币对美元汇率在三个指数中均占有重要地位，最高权重达到 42%。

实际上，在国际清算银行的汇率指数中，美元的权重仅为 18%，与美国在中国对外贸易中的比重数保持一致。借助这三个汇率指数，以及被学术界和分析师普遍采取的 BIS 指数，中国人民银行希望能缓解外界对中国选择性使用汇率指数的指责。

当然，总会有人跳出来对中国人民银行采取的任何措施发难。在欧美的金融公司，很多市场分析师在研究报告中轻蔑地指出，中国央行的低效沟通只会诱发市场对汇改意图的错误解读，并引发不必要的投机，让外界对汇率的实际管理方式感到难以捉摸。

有趣的是，对于参照货币篮子管理人民币汇率的新机制，中国人民银行本身或其官员并未发布任何正式声明。为打消市场的疑虑，

2015 年 12 月 14 日，中国人民银行在官方网站上转发了一篇中国货币网特约评论员的文章。文章重申了官方对汇改的立场，即自 2005 年以来，中国的汇率体制基本保持一致。文章指出：

> 首先，我国长期以来一直坚持以市场供求为基础、参考一篮子货币进行调节、有管理的浮动汇率制度。2005 年汇改以来，除了个别阶段我国作为全球负责任大国对汇率的管理略多一些以外，大多数时间人民币汇率都是在这一制度框架下运行的。

文章还进一步澄清，参考一篮子货币管理人民币价值绝不是一个僵化机械的过程。当然，这会让市场分析人士对中国人民银行赋予各种货币的权重产生不同联想。

原文如下：“参考一篮子货币管理人民币汇率，并不等于完全钉住货币篮子，不是机械地按篮子货币汇率指数的变化来调整人民币汇率，还需要将市场供求关系作为另一重要依据，再加上必要的管理，最终形成灵活浮动的汇率。”这种模糊的解释，显然没有达到市场参与人士所需要的清晰度。

随后，中国人民银行又在外汇管理局官网以“监管问答”形式指出，尽管上海外汇交易中心的交易时间已延长到当地时间晚 9 时 30 分，但央行将继续采用下午 4 时 30 分的人民币对美元在岸汇率为收盘价，但这一措辞反而增加了外界对 8 月 11 日汇改目的的揣测。上述说法的逻辑似乎在于，下午 4 时 30 分的交易量相对有限，而且人民币对美元汇率在剩余时间内可能波动较大，“容易对汇率变化做出误读，甚至进行操纵”。

此外，中国货币网特约评论员指出：“新的人民币对美元汇率中间价将继续呈现‘收盘汇率 + 一篮子货币汇率变化’这一基本特征。”换句话说，如果按人民币相对未具体化的货币篮子的波动，后一个交易日早晨的人民币对美元汇率中间价报价可能偏离前一日在岸市场晚9点30分的实际收盘价格，甚至会偏离下午4时30分的收盘价。

中国货币网特约评论员的文章还指出："在2015年8月12日到2015年12月31日期间，任何一个交易日的中间价背离前一交易日下午4时30分收盘价的平均偏差，已缩小至不到0.1%。"这段话似乎有安慰性的意味。

不过，相比之下，2015年1月1日—8月11日，各交易日收盘价与下一交易日开盘价的平均偏差接近1%。因此，这的确是一个巨大的改善。

于是，中国货币网的特约评论以此为依据认为："中间价报价的合理性得到了大幅改善。"然而，在2016年2月的下半月，平均偏差回弹到0.2%，数字本身似乎很小，对货币市场而言却相当可观，因为极其细微的汇差背后就意味着巨大的盈亏。因此，以此来断定人民币中间价已进入市场化形成机制，可能略有夸大其词之嫌。

既非神仙，也非魔术师

2016年2月15日，《财新周刊》发表了一篇对中国人民银行行长周小川的专访，文章涉及领域甚广，且解答表述极为详尽。针对外界对央行沟通机制不畅通、引发市场猜测，以及人民币汇率不必要波动提出的批评，周小川都诚恳地接受了。在承认有效沟通策略的重要性之后，他说：

> 做好沟通也非易事。当前全球金融市场中蕴含很多不确定因素，导致意见分歧，争论较多。这时候大家都希望有某个先知或权威说法，能把不确定性转变为确定性。但不确定性是客观存在于市场之中的，光靠口头定心丸是消除不了的，央行既

> 不是上帝，也不是魔术师，不可能把不确定性问题都抹掉。所以央行有时要说：“对不起，我们要等待新数据的输入”。有时不能避免各种争论，即使央行内部也有看法不一致的时候，那时，前瞻性指引传达出来的信号也不能给市场帮助，不会减少市场的担忧。

在采访中，周小川行长还进一步指出，对于不同的市场主体，央行已经制定出不同的沟通策略。对一般大众，重点解释其货币政策体制框架和政策执行方式；对外汇的使用者，尤其是进出口商等使用外汇的机构，央行强调引导并稳定他们的预期；但对于货币投机者，中国人民银行当然不愿意对他们透明。“对于投机者，则是博弈对手的关系，央行怎么可能把操作性策略都告诉他们？这就像是下棋，你不可能把准备的招数向对手和盘托出。”

影响央行沟通政策的羁绊源于政治和经济两个方面：中国人民银行隶属国务院直接管辖，在任何重大问题上，它必须同党中央保持一致。此外，在金融体系相对落后，以及政府依旧对经济处于直接控制的环境下，中国央行的行动可能会带来无法预见的效果，更不能与市场经济中的央行相提并论。但考虑到央行对中国经济和全球金融市场的影响日趋加大，因此，要成为稳定之源而不是动荡之头，中国人民银行已走到非要改善其沟通质量的节点，必须学会清晰无误地向外界传递政策意图。这一点对外汇市场极为重要，因为沟通质量将在很大程度上决定外国投资者对人民币资产的信心。

蜕变：从“钢制盾牌”到“海绵盾牌”

在过去的 20 年时间里，人民币走过了一段在盘旋曲折间不断强大的历程。1998 年，努力维持人民币币值稳定，不让市场力量决定其价值的做法，为中国政府赢得了全世界的赞赏，因为一旦人民币大幅贬值，就有可能让身处危机的亚洲经济万劫不复。

进入21世纪的第一个10年，中国人民银行对汇率问题的严格管理，让IMF、美国，以及中国的其他诸多贸易伙伴纷纷感到不平，开始对中国指手画脚。他们希望中国能将人民币价值交由市场力量决定，而不是人为贬值。到了2015年，中国政府终于迎合了国际社会长久以来的诉求，放松对人民币价值的管理，并将人民币价值交由市场力量决定。然而，此举不仅没有迎来喝彩声，反而引发众怒。既然全世界都要求中国这么做，那么，当中国似乎让全世界如愿以偿的时候，为什么还会有人指责中国呢？

当然会有。有一种别有用心的观点认为，中国政府非常精明狡诈，其政策行动会在本质和时机上精心设计，使得每一个举措都符合其自身的利益最大化。但我们看到的现实是，中国始终从长远考虑其自身利益，其在亚洲金融危机期间的表现就足以说明这一点。面对人民币贬值的巨大诱惑，中国政府并未为之所动。可以设想，在“贬值”席卷全球的大背景下，人民币贬值并无不合时宜之处，但那无疑会让中国在该地区的贸易伙伴雪上加霜。

事实已成定局，中国走向汇率市场化形成机制的步伐难以逆转，尤其在资本账户日益开放的情况下，这将成为必然趋势。但这并不等于说，中国人民银行永远不会出手干预外汇市场，抚平外汇市场的过度波动，或是将暂时性干预币值作为实施货币政策的工具。实际上，这种现象在其他主要国家的央行也十分常见。

然而，长期严格控制人民币对美元汇率的做法，极有可能已成为历史，因为这种政策往往会引发投机性资本流动的猖獗，导致金融市场失稳。对此，中国人民银行行长周小川这样说道：“如果说过去的固定汇率是挺住不动的‘钢制盾牌’，灵活汇率就变成了‘海绵盾牌’，对于过度的投机力量，可以做到攻防有度。”

尽管资本账户的开放，以及汇率弹性的提高范围和速度有限，但它们注定会有利于提高人民币在全球金融市场中的地位，这也是我们将在第5章探讨的话题。

他并不是一个冒险家。奖金对他没有任何诱惑力。真正吸引他的是比赛本身：球的滚动、角度的计算和击球、每一场比赛输赢背后隐藏的概率……但最让他引以为豪的，还是那种能选择比赛规则，并将其置于自身能力范围内，目睹自我设定的结局成为现实的那种感觉。

——《法官和他的刽子手》（*The Execution of Justice*），

瑞士德语作家、剧作家弗里德里希·迪伦马特（Friedrich Dürrenmatt）

第5章

国运之战

走向世界的人民币

事实证明，全球金融的衰退并非与政治无关。

2014 年，俄罗斯出兵干预乌克兰局势，在几周之后占领了克里米亚半岛，导致西方与俄罗斯的紧张局势持续发酵。考虑到军事对抗可能带来严重后果，欧洲与美国选择以经济制裁作为回击。欧盟和美国连同加拿大等其他北大西洋公约组织国家采取了大范围的制裁措施。

有些措施只是象征性的，譬如，将个人以俄罗斯为目的地的商业和旅游活动视为亲近俄罗斯。欧盟甚至在声明中将与俄罗斯的紧张关系直接升级为针对普京总统的盟友，并称："近期有越来越多的人加入破坏乌克兰领土与主权完整的个人和机构，包括其所有的'亲密伙伴'。"此外，将欧美在石油开采、制造设备，以及某些军工品等领域向俄罗斯派出专家也纳入禁止名单。

但显然，金融制裁才是最根本的措施，包括对进入欧美金融市场的限制，以及禁止采用某些俄罗斯国有企业在银行、能源和国防领域提供的服务。这些制裁引起了石油价格下跌，迅速对俄罗斯经济造成了冲击。毕竟，石油是俄罗斯最核心的出口产品和税收来源。

尽管只有少数俄罗斯企业和金融机构受到制裁，但其实际效果非常明显，相当于直接切断了俄罗斯工业及金融进入欧美金融市场的通道。俄罗斯企业失去了海外融资渠道，并随时面临无法与外国合作伙伴履行金融交易的风险。

此外，俄罗斯银行发行的信用卡也无法在海外使用，因为万事达和维萨等信用卡运营公司收到美国财政部指令，停止处理俄罗斯信用卡持卡人的付款。

对此，俄罗斯总统普京的回应措辞强硬：

> 我们以前从来没有想到会这样。我们一直相信，我们的所有合作伙伴，无论是维萨还是万事达，都是不受政治力量左右的经济实体。但事实并非如此，它们被强大的政治压力所左右，而且似乎已经屈服于这些压力……俄罗斯国内的信用卡支付都是通过维萨和万事达进行的，但完成这些支付的服务器基本在美国——这不是疯了吗……现在，我们已经采取更务实的措施，那就是要建立自己的支付系统……我们必须确保，不管世界发生了什么，也不管是政治、经济还是全球金融系统发生了什么，主要行业的收支结算都要正常进行，不出现任何差错。

考虑到俄罗斯对欧美大国支付结算体系的依赖，俄罗斯总理德米特里·梅德韦杰夫（Dmitry Medvedve）详细阐述了给俄罗斯经济带来的风险："显而易见，这些国外支付计算体系确实便捷实用，而且所有人都已经习惯使用它们，但不可否认的是，它们没有任何隐私性可言，而且易于受到各种风险的侵袭，尤其是政治风险。"

到了 6 月，俄罗斯央行行长艾尔维拉·纳比乌琳娜（Elvira Nabiullina）最终对外宣布："随着近期一系列法律修订案的通过，俄罗斯将有条件建立一个完整的国内支付结算体系，从而让所有在俄罗斯境内使用银行卡和已经习惯这种支付方式的人知道，他们的活动是安全的，不会受到俄罗斯外部任何机构恶意行为的影响。"

但外界很快就发现，在如此之短的时间内，俄罗斯根本就没有能力建立一套运行稳定的支付结算体系，更不用说与国际金融体系接轨了。就在投入运行大约一个月之后，俄罗斯的这套全国支付结算体系便出现故障，在一天上午连续数小时停止运行。

针对稳定性问题，支付系统运营公司的发言人似乎无意打消人们的担忧，而是轻描淡写地说："我只能说，这不是一次系统性故障。这次故障既不是硬件问题，也不是相关的软件问题。"

进入 2016 年，乌克兰危机继续发酵，西方社会也没有放松对俄罗斯的经济制裁，加上全球支付结算及金融体系对俄罗斯的禁入，俄罗斯经济继续在泥潭中跋涉。

显然，对支付体系的控制不仅是一种经济优势，也是一种地缘政治优势。对此，中国早已有所认识，并在最近开始关注国际金融体系的种种事端。从积极的方面考虑，提高跨境支付结算效率的好处是毋庸置疑的。

创建跨境支付结算体系的一个关键要素，同时也是最能让这个过程具备强大动力的要素，就是人民币作为国际货币地位的提升。作为跨境贸易和金融交易的媒介和结算工具，中国在提高人民币国际地位方面持续努力，早已成为国际社会喋喋不休的话题。

本章所关注的话题，就是人民币如何在短期内取得如此之大的进步，还有中国政府如何利用这些进步，对其金融业未来实现有序控制。

起始之地：香港

进入 21 世纪第一个 10 年中期，中国开始以一贯的审慎态度和循序渐进的策略，推动人民币的国际化。于是，中国香港凭借其发达的金融市场，以及强有力的监管执行机构，成为人民币国际化理想的试验场。通过这种方式，中国政府可以在不丧失控制权的前提下，尝试性地推进人民币国际化进程。

实际上，中国不仅可以在内地与香港的金融市场之间建起一道防火墙，而且中国政府也很清楚，一旦改革引发社会不安并造成社会震荡，可以立即叫停改革。

与此同时，中国香港国际金融中心的地位有助于提高人民币的国际地位，至少其在亚洲地区可以发挥这样的作用。香港相对完善的法律和监管制度，也有助于国际投资者接受香港作为人民币交易结算中心。因为他们觉得，在香港他们可以得到国际通行规范的保护，避免中国内地相对随意的司法体系。

其实，早在 2004 年，中国香港已经开始试点个人人民币业务，即允许其居民在香港开立人民币计价的存款账户。2007 年，中国开始采取一系列跟进措施，推进人民币的国际化运用，其中大多数情况都是以香港为平台。

“交易货币”：理所当然的选择

鉴于中国对外贸易的迅猛扩展，增加人民币在国际结算中的运用是其国际化进程中合乎逻辑的第一步。在相对较短的时间内，以人民币进行的跨境贸易结算在总量上出现了大幅增长。2015 年，以人民币开展的贸易结算总额达到 1.1 万亿美元，约占中国对外贸易总额的 30%（进口与出口之和）。

考虑到人民币贸易结算在 2000 年还基本为零，因此，这不仅是绝对数字上的巨大增长，对尚无须以替代性“交易货币”（另一种可单独用作媒介货币的货币）进行交易计价或结算的中国来说，它在贸易总额中占有的相对比重同样非常可观。

不可思议的是，人民币作为贸易结算货币地位的改善，似乎并没有给外界留下深刻的印象。实际上，目前以人民币结算的贸易均与中国有关，全部为中国进出口贸易。从这个角度来看，人民币还远未成为国际贸易结算中的“交易货币”。

此外，2014 年年初，人民币结算交易在中国对外贸易中比重的增长也开始停滞，这可能要归结于在此后的一段时间内人民币升值压力的消退。因此，对以人民币进行贸易结算的需求与人民币价值变动相关的观点，与按贸易流方向的结算数据结构保持一致。

目前，我们可以得到人民币贸易结算开展几年以来的相关进出口数据。进口数据和出口数据表明，大部分人民币贸易结算为进口贸易。当中国进口商以人民币支付款项时，国外贸易商得到的是人民币，而在当时，要通过离岸取得人民币非常困难。

相比之下，其他国家进口商在购买中国的商品或服务时，很少使用人民币结算。这表明，要么是中国出口的接受方缺少人民币，要么是不愿意减少已有的人民币库存。

有些人将这种贸易结算货币的单向性解读为，其他国家贸易商认定人民币将升值，因而尽可能持有更多人民币。

到 2014 年中期，人民币对美元已开始出现小幅贬值，而外汇交易员也认为人民币贬值的概率更高。在此时期，市场对以人民币进行贸易结算的兴趣趋于平稳。

上述趋势显示出，中国贸易额的快速增长以及与全球金融市场的日趋融合，使得严格管制人民币对外价值已变得越来越不现实。而随着商品和服务贸易额逐年增长，人民币必将承受巨大的升值或贬值压力，进而引发贸易结算使用人民币的需求大幅波动。在这种情况下，即使政府限制资本流动，需求本身的波动也会加剧货币升值或贬值的压力。不过，有一点或许值得提醒，每当市场分析师开始深入探究贸易结算数据的结构及其对货币价值变动压力的影响时，政府就会停止发布细化数据，这多少反映出官方在这个问题上的敏感。

在中国的人民币贸易结算额中，约 95% 由香港银行处理。以人民币结算贸易交易首先需要持有人民币。为支持人民币结算，香港银行间市场于 2006 年 3 月启动了人民币结算系统，提供票据清算、汇款处理和银行卡支付服务等多种业务。实际上，在 2010 年上半年还没有开展人民币结算业务，直到这之后，才允许居民在香港开立人民币计价的银行账户。

央行在流动性方面对香港的人民币业务鼎力相助。截至 2016 年 3 月，人民币客户存货，以及香港银行发行的存单总金额为 7 590 亿元（约 1 150 亿美元），与前一年的 8 500 亿元相比略有下降。

此外，中国香港还以银行贷款形式提供人民币融资业务。2015 年 10 月，由香港银行发放的人民币贷款余额为 2 940 亿元(约 450 亿美元)，较第一年增长了 56%。

外向的“点心债券”，内向的“熊猫债券”

发行人民币计价的债券是另一个值得关注的进步。在国际金融市场上，以人民币计价的债券被称为“点心债券”。这些债券最初均在香港发行，是迄今为止在内地以外发行量最大的人民币债券。2010 年，人民币债券发行量仍十分有限。而到了 2015 年 10 月，在香港发行的人民币债券余额已达到 3 670 亿元（约 560 亿美元），但比 2014 年的发行量略有下降。进入 2014 年中期，人民币债券的发行进度开始放缓，这或许反映出市场对人民币价值变化的预期发生了变化。人民币贬值概率增大，降低了企业以人民币融资进行汇差套利的动机。

截至 2015 年 10 月，在发行在外的人民币债券余额中，内地的政府机构、银行和企业的发行量约占 40%，不过，利用这种工具融资的机构不只有中国内地的机构。在中国香港，海外注册机构也发行了约 40% 的人民币债券。德国、韩国、美国等国家的跨国公司把发行人民币债券看成一种实惠的融资方式，并且可以把融资资金用于中国内地投资和其他运营。此外，中国香港的银行和企业发行了20%人民币债券。

离岸人民币市场启动且快速增长，为人民币参与亚洲地区的贸易和金融交易提供了立足点。借助这种方式，人民币开始在亚洲之外进行交易。

其他地区的主权国家也开始小规模发行人民币债券。英国是第一个发行人民币债券的西方国家。英国政府在伦敦发行了30亿元人民币计价的国债（约4.7亿美元），这也是第一次由一个国家政府发行人民币债券。

2013年，加拿大不列颠哥伦比亚省成为第一个发行人民币计价债券的海外政府机构。2015年12月，有迹象表明，俄罗斯政府筹划在莫斯科发行价值10亿美元、以人民币计价的主权债券。

2015年10月，中国人民银行首次在伦敦发行一年期离岸人民币债券，发行总额为50亿元（约7.6亿美元）。对此，中国人民银行对外称，这是中国央行有史以来第一次在海外发行人民币债券，它将有助于推动人民币的离岸运用、跨境贸易和投资。2016年5月，中华人民共和国财政部宣布，计划在伦敦发行总面值为30亿元（约4.5亿美元）的人民币债券。

2015年12月，韩国成为第一个在中国内地市场发行人民币债券的国家。这笔总面值30亿元（约4.5亿美元）的债券被称为“熊猫债券”，而此次发行出现超额认购的情况，这也显示出市场对这种金融资产的高度认同。

此前，只有极少数外国公司及在海外注册的中国公司发行过这类债券。到2016年年初，尽管有意图发行此类债券的外国政府和企业数量依旧有限，但总体呈现出快速增长的势头。

“熊猫债券”被坊间视为中国深化债券市场改革的有益探索，推进了人民币国际化进程，此外，由于这种债券的发行者为外国政府和公司，所以它也为国内投资者利用在岸市场资金进行多元化投资提供了机会。当然，对于那些想要投资中国债券市场的外国投资者来说，“熊猫债券”的吸引力毋庸置疑。这些投资者往往对作为发行者的外国公司和政府有更多了解，并且不需要亲自查询中国国内发行人的信用状况。

人民币的一小步：全球第五大支付货币

人民币作为支付货币（跨境金融交易清算和结算货币）的进程是人民币提高国际地位的一个重要标志，它正在被越来越多人关注。有关使用人民币支付的数据以环球同业银行金融电信协会（SWIFT）编制和提供的数据为准。

SWIFT 出现于 1973 年，是一个旨在以更快捷有效的标准化方式，在银行间实现金融信息共享的银行间通信系统。SWIFT 只提供财务信息传输业务，并不开展金融交易的清算或结算等业务。由于金融机构可以通过多种渠道进行金融交易的信息互换，因此，SWIFT 的财务数据流统计数字并不代表整个市场或行业的统计数据。尽管如此，绝大部分的国际银行间数据传输依旧依赖于 SWIFT 的网络。

因此，SWIFT 提供的人民币运用数据，为全球金融机构开展人民币支付业务的情况提供了一个参照口径。此外，该数据还可以反映人民币在 SWIFT 系统所记载支付总额中占据的份额。

最近几年，人民币的比重出现了大幅提高，从 2011 年年底的 0.3% 起逐年增长，在 2015 年 8 月达到最高点 2.8%。尽管这一比例在 4 年间呈现持续稳定的增长态势，但在随后 6 个月内快速下降，在 2016 年 4 月已降至 1.8%。人民币汇率自 2015 年 8 月 11 日汇改以来的剧烈波动，似乎让市场对以人民币支付交易的兴趣大打折扣。

尽管人民币在全球交易中的支付比例依旧有限，但其重要性丝毫不减，按比重进行排列，人民币已从 2012 年年底的第 12 位提高到目前的第5位（与加元并列），仅列在美元（44%）、欧元（29%）、英镑（9%）和日元（3%）之后。按同一评估标准，人民币的名次曾在2015年8月短暂超过日元，升级到第4位，但当月月底便再次回落至第5位。基于以往趋势和持续提高的预期，人民币极有可能在近期再次超越日元。

根据SWIFT网络提供的统计数字可以看出，在以人民币支付的交易中，绝大部分在中国香港完成，在2015年，此比例达到70%。实际上，在过去一段时间，随着其他金融中心陆续开展人民币支付业务，这一比例已较2012年的80%有所下降。新加坡和英国所占比例分别为7%和5%，而中国内地的比例不到5%。此外，上述列举的几个国家大多为中国人民银行指定的人民币结算中心，但美国无疑是个值得关注的例外：尽管尚未对人民币交易开设结算中心，但是按SWIFT提供的统计数据，它在人民币支付总额中的比例已接近3%。

尽管SWIFT提供的数据表明，人民币的国际地位正在受到越来越多的关注，但仍有如下几点需要提醒：

首先，计算人民币在支付市场的份额时，SWIFT的统计仅限于与其有信息传输关系的银行，而由这些银行完成的人民币支付业务约为全部人民币支付业务的80%，其余部分则由SWIFT覆盖范围以外的其他渠道完成。

其次，考虑到金融机构也会使用自有的网络或体系，因此，SWIFT的数据并未涵盖全部机构间资金流动。

再次，SWIFT数据不包括金额更大的国内资金流。譬如通过美国联邦电子资金转账系统（Fedwire Funds Service）进行的交易就不在SWIFT统计范围内。

最后，SWIFT统计的资金流只跟着银行间资金流动，而不考虑作为资金流载体的商务流。比如，如果中国和南非企业的商业贸易通过一家美国银行支付，那么，该交易就有可能涉及两笔数据，即一个是南非和美国之间的交易数据，另一个则是美国和中国之间的交易数据。这就会导致某些金融交易被重复计算。也就是说，一笔基础商业交易的金融在系统中重复计算两次，造成数据额为实际交易额的两倍。

遭遇瓶颈，人民币如何破局？

中国货币的国际化进程还取决于它在国际金融交易中的使用情况。是否选择一种货币用于计价和结算，在一定程度上依赖于这种货币是否可用于国际金融交易。

对此，国际清算银行每隔三年开展一次全球央行调查，收集有关外汇市场成交量、衍生品市场及国际债券市场货币计价等方面的数据。最新一轮调查结果发布于 2014 年，包含 2013 年的数据。自 2013 年以来，人民币在国际化使用方面的进展是毋庸置疑的，但是国际清算银行提供的数据显示，要成为名副其实的全球主要货币，人民币还需走过漫长的征程。

外汇市场成交量是检验一种货币能否成为国际贸易交易货币的重要标志。目前，人民币在全球外汇市场成交额中的比重刚刚达到 2%（实际为 1%，因为每笔交易涉及两种货币）。尽管这个比例还很小，但依旧远远高于其他所有新兴市场国家的货币。

此外，在如此短的时间里取得这样的成绩，显然是不凡的进步，尤其是对于一种尚未完全自由兑换的货币更是如此。从这个维度看，美元是当之无愧的主导者，其在 2013 年全球成交额中的比例达到 87%。四种主要储备货币（美元、欧元、英镑及日元）连同澳元和瑞士法郎合计达到全球成交额的 169%。

但是在外汇成交额的地域分布上，中国拥有以香港这个重要金融中心进行外汇交易结算的优势。中国香港完成了 4%的全球外汇市场成交额（英国为 41%，美国为 19%），这也是人民币在提升国际货币地位方面所拥有的最大优势，这是其他新兴市场国家无法比拟的优势。

如果对外汇交易进行分解的话，我们就会发现，尽管人民币的交易额已实现大幅增长，但依旧不及传统储备货币。不过，人民币的进步还是可观的，尤其是在全球外汇衍生品、直接远期外汇合约，以及外汇互换等交易中所占的比例上。

体现某种货币在国际金融交易中潜在地位的另一个标准，就是国际债务凭证（即在宗主国以外发行的债务凭证）占全球已发行债券总额的相对比例。在这个标准上，传统的储备货币依旧处于统治地位。其中，美元和欧元在流通中国际债券及票据总额中所占比例超过 4/5。此外，前五大储备货币的合计比例达到了 95%。以人民币标明面值的债券仅占区区的 0.5%。其他主要新兴市场国家在这方面同样处于落后位置。

总而言之，在推进人民币的国际化道路上，中国已经取得了某些进展，但是要达到传统储备货币的地位显然还任重道远。为实现这一目标，中国政府已主动发力，积极推进人民币的国际化使用，毫无疑问，为人民币搭建国际平台是实现人民币国际化的必经之路。

破局之道：设立离岸清算中心

在很大程度上，人民币的国际化使用将依赖于它在离岸市场上的流动性有多大，以及有多少金融中心取得为人民币交易提供清算业务的授权。中国香港和澳门很早就已经被指定为人民币离岸清算中心，但这两个中心本身显然还不足以承载人民币国际化这一重任，尤其是在亚洲以外的地区。自 2012 年以来，中国政府就已开始着力推动人民币的国际化使用，授权一批国际金融中心开展人民币业务，为人民币的海外结算提供便利。

除香港和澳门以外，中国政府还批准了 17 个金融中心为人民币交易提供清算业务。这些金融中心在地域上分布甚广，亚洲仅有 5 个（新加坡、中国台湾、泰国、韩国和马来西亚）。2014 年，欧洲的三大金融中心法兰克福、伦敦和巴黎均加入这一行列。最近，中国政府又授权两个南美洲国家从事人民币清算业务，分别是智利和阿根廷。其他国家还包括澳大利亚、加拿大、卢森堡、俄罗斯、南非、瑞士和卡塔尔。

值得关注的是，日本和美国并没有出现在这份名单上。在 2016 年 6 月举办的中美战略与经济对话中，两国同意将尽快在美国设立离岸人民币清算中心。

离岸金融中心将为以人民币计价的金融资产交易提供便利。对某些喜欢在本土或法律监管环境更有保障的金融中心进行交易的投资者来说，这一点更为重要。

此外，在选择国外金融中心从事人民币业务时，中国政府还充分考虑了地域的分布性，做到尽可能覆盖更广泛的地域。实际上，借助于人民币业务的快速增长，中国向全球金融中心展现了人民币业务的巨大潜力，并利用这种吸引力，巧妙地对全球各大金融中心形成了一种牵制。

剑走偏锋：绕过美元，双边货币直接结算

此外，中国还积极采取措施，通过与主要贸易伙伴签署双边货币交易协定的形式，推进人民币的国际化使用。协定允许双方直接开展货币交易，而不再采用以美元为媒介的间接交易。对于在相关货币发行国直接开展双边业务的贸易商和投资商来说，上述协定不仅可以为他们降低交易成本，还可以绕过美元，避免美元汇率变动带来的干扰。对于长期受制于以美元进行国际交易的中国政府来说，后一点尤为重要。

2010 年 12 月，人民币兑卢布交易在莫斯科银行间外汇交易所挂牌，使得俄罗斯成为首个中国境外实现人民币直接挂牌交易的国家。交易

所发言人将此称为“我们是开创者”并指出，这也是人民币第一次在境外离岸交易所挂牌交易。另外，上海中国外汇交易中心同时启动卢布与人民币的交易。

2011 年 6 月，又有两个国家的央行与中国签署协议，双边货币可直接交易，而不再借助美元。

尽管直接交易金额迄今为止还很有限，但这种局面或将迅速改观。考虑到中国对海外能源，尤其是俄罗斯能源出口的巨大需求，会促使中俄两国的贸易出现大幅增长，从而增加对以当地货币进行贸易结算的需求，因此，摆脱美元、直接进行货币交易会给双方带来巨大的便利。

2011 年 12 月，中国与日本签署协议，推动两国在双边贸易和投资中使用本国货币。2012 年 6 月，两国同时开始在上海外汇交易中心和东京外汇市场进行直接货币兑换交易。日元由此成为在离岸货币市场上与人民币开展直接交易的第一种主要储备货币。

理论上说，在亚洲两个最大经济体之间签署的这种货币直接交易协定可适用于整个亚洲金融市场。但在 2015 年，两国之间的贸易额只有 3 000 亿美元左右，双边的年资金流动不足 1 000 亿美元。即使假定这些交易仍旧采取间接交易，即首先与美元结算，然后在两国货币之间最终结算，按美元计算的交易额在全球交易总额中的比重依旧非常有限。不过，如货币交易成本，以及汇率不确定性的降低，能进一步推动双边之间的贸易和资金流，这种影响将有所扩大。

2013 年 4 月，中国与澳大利亚签订直接货币兑换协议。澳大利亚是中国最大的大宗商品进口国之一。对澳大利亚而言，这同样是一件大事，因为中国也是它最重要的贸易伙伴。因此，直接利用两国货币进行结算，而无须借助美元等中间货币，必将给双方带来巨大的实惠。

2014 年 12 月，首尔启动人民币与韩元的直接兑换贸易。实际上，作为各自最重要的贸易伙伴，两国直到 2015 年 10 月才签署正式协议。

协议包含的中国人民银行声明指出，中国央行将对韩国拟在中国发行的以人民币计价的主权债券给予支持，而韩国也将为中国金融机构在首尔市场发行债券提供便利。

2015 年 11 月，瑞士法郎成为第 7 种可在中国外汇交易中心与人民币直接兑换交易的货币（其他 6 种货币分别是美元、澳元、新西兰元、英镑、日元和欧元）。对于在瑞士开展人民币业务的迫切心情，瑞士央行丝毫没有掩盖："中国和瑞士之间的货币直接交易是加强双边金融和商贸关系的重要一步，也是让瑞士成为人民币交易中心的关键一环。"

此外，瑞士央行在新闻发布会上还指出，与中国人民银行签署的货币协定及单独签订的备忘录，必将有助于把瑞士打造为全球人民币交易的枢纽。

终于等到你：人民币跨境支付系统初露端倪

银行间支付体系是金融市场最核心的基础设施，因为它是大多数国家进行银行间资金转账和货币清算的技术性前提。当然，个别的金融机构可以通过关系行满足其资金转移和收付的具体需求。然而，在每天存在海量交易且涉及大量跨境收支的情况下，这种方法不仅效率低下，而且成本高昂。作为一个中央平台，支付体系有助于以标准化模式为国内外银行间金融交易提供清算服务。

中国使用的人民币支付系统为中国现代化支付系统（CNAPS），但该系统尚未与国际标准接轨。与国外语言编码的不兼容导致其使用一直受到较大制约，这显然已成为妨碍人民币国际化的一大掣肘。

为解决这个问题，2015 年 10 月，中国启动了一个新的人民币支付系统，即人民币跨境支付系统（CIPS）。该系统的组织和运行更符合目前的国际通用标准，将有助于为投资和贸易等跨境人民币交易提供更便捷的结算和清算，提高人民币的国际地位。尽管人民币跨境支付系统最初将采用SWIFT进行银行间数据传输，但该系统已完全具备独立进行收付数据传输的能力。

通过与SWIFT合作，中国人民银行将采纳ISO 20022国际标准，支持中文和英文两种语言进行交易，为国内外支付数据的传输创造条件。在克服CNAPS兼容性问题的基础上，人民币跨境支付系统将大大降低交易成本，提高人民币的国际化使用。

人民币跨境支付系统的建设分两个步骤实施：第一阶段强调实时全额结算，主要以跨境贸易、跨境直接投资及其他跨境人民币结算业务为服务对象；第二阶段将服务范围扩展到其他形式的人民币跨境流动及离岸资金的结算。目前已有19家银行获得授权使用人民币跨境支付系统，其中包括花旗集团、德意志银行、汇丰银行和渣打银行等8家银行的分支机构。该系统的运行时间为北京时间上午9时到晚上8时，覆盖非洲、亚洲、欧洲和大洋洲的运营时间，提高了跨境人民币结算服务的实用性。

但问题依旧：新的基础设施将对现有游戏规则带来怎样的改变呢？如前所述，中国人民银行已指定17家人民币离岸清算中心（不包括香港和澳门）连同国内大型国有商业银行（中国工商银行、中国建设银行及中国银行）的海外分支机构，授权其从事人民币清算业务。在理论上，一旦人民币跨境支付系统建成并投入使用，这些指定的离岸清算中心就将丧失其专营权，因为不管地理位置何在，所有符合条件的金融机构均可直接进入相应的在岸清算银行或中央交易平台。但是在实践中，人民币跨境支付系统的启用采取了典型的中国式策略，即先指定少数机构开展试点运营，然后再渐进式普及。

此外，对于中国国有银行目前在离岸清算中心设立的海外清算机构，将来是否会被纳入该系统中，目前尚不得而知。实际上，人民币跨境支付系统极有可能成为现有离岸清算方式的补充，而不是取而代之。可以预料，中国政府将对人民币跨境支付系统进行一定程度的管理，但这显然属于非标准化操作模式。尽管支付系统具有公共属性，但是由政府来拥有和运营未必是最佳解决方案。比如说，目前美国就并存着两个银行间支付系统：一个是银行间支付系统清算所（Clearing House Interbank Payments System，CHIPS，由私人银行组建的纽约清算所负责运营）；另一个是联邦储备通信系统（Federal Reserve Wire Network），也就是俗称的 Fedwire，直接隶属于联邦储备银行系统。Fedwire 以国内业务为主，为联邦储备银行系统内部的所有银行提供转账服务，而 CHIPS 兼顾国内外业务，但其服务对象仅限于 47 个大型金融机构。从历史上看，尽管 CHIPS 业务重心逐渐在向国内市场转移，但其专长是外汇交易的美元部分。因此，人民币跨境支付系统似乎会倾向于采取 CHIPS 的经营模式，只不过控制权依旧可能掌握在政府的手里。

要了解人民币跨境支付系统的范围，首先需要强调 SWIFT 与其他全国性支付系统的区别。SWIFT 为银行提供了一种通信渠道，它本身不是资金收支系统，因而不从事资金收付活动。

因此，任何一个国家设立的全国性或国际性支付系统都不会取代 SWIFT，但它们所从事的资金收付活动要依赖于 SWIFT，而且必须与该系统保持兼容。

然而，人民币跨境支付系统的设计目的，是为人民币国际交易提供一个独立于 SWIFT 运行的银行间沟通通道。因此，它不仅是一个资金收支系统，而且还是一个沟通体系，这就相当于削弱了 SWIFT 对银行间跨境资金流动信息的控制权。但中国政府的做法巧妙而有策略，不会在人民币跨境支付系统成熟之前挑战 SWIFT 的权威。不过，这种挑战迟早都会到来。

不管人民币跨境支付系统最终会演化为何种状态，但其核心是不变的，即采纳国际标准，让新的支付系统为人民币的国际化应用铺垫道路。就在人民币跨境支付系统投入使用后不久，国务院总理李克强指出，它将“为离岸人民币市场的进一步发展，以及中国装备制造业走向‘全球’提供支撑”。中国人民银行研究局首席经济学家马俊进一步指出：“随着跨境人民币结算体系的完善，必将刺激市场参与者对人民币的需求。”

人民币跨境支付系统推动了人民币进入西方金融市场的步伐，同时，作为一种有益的工具，它也减少了中国对欧美支付系统和金融市场的依赖。

本章开篇提到的国际社会对俄罗斯开展的经济制裁足以说明，对支付系统的控制权有着巨大的经济和地缘政治意义。这种控制甚至根本就不要求国有机构的直接所有权，仅仅是司法管辖权就足以震撼。正如一位律师所言：“中国当然希望为其跨境国际商务往来提供便利，但你肯定会猜测，这背后是否还有其他玄机。因为他们目前所采用的支付系统，很容易受到美国情报机构的侵入。”

人民币跨境支付系统为中国采取其他措施强化金融交易控制创造了条件。2002 年，中国建立了自己的银行卡联合会——中国银联(UnionPay)，该组织直接接受国务院和中国人民银行管理。该机构运营的银行间交易结算系统服务于成员的银行间、跨地区及跨境的银行卡使用。

2003 年，中国银联启动“银联”卡业务，允许成员行以“中国银联”名义向客户发行类似于“万事达”卡和“维萨”卡之类的银行卡。目前，中国银联已建立了广泛的全球受理网络，其发行的银行卡在全球大多数国家均可使用。

中国银联官网即明确指出，除商业考量之外，该机构及其业务活动的一个核心目标，就是“维护中国经济和金融的安全”。随着银联卡的快速普及，欧美国家对中国的经济制裁能力必将大大削弱，像 2015—2016 年那样拒绝俄罗斯使用国际支付体系的手段，对中国或许已经毫无意义了。

更大的舞台：人民币的国际格局

提升人民币国际地位与复杂的国内及地缘政治形势休戚相关。凭借已有政策，中国正在致力于实现多重目标。就当下而言，中国无疑将继续以香港为平台，全力推进人民币的国际化使用。一旦中国政府认为，其金融市场具备进一步放开资本账户的条件，就有可能优先将上海升格为国际金融中心，这显然更符合其优先发展内地金融市场的大目标。

尽管目前尚以香港作为人民币国际化的重要基地，但中国政府并没有就此止步，而是诱导更多的金融中心展开竞争，激发其开办人民币业务的热情。曼谷、法兰克福、伦敦和新加坡等地区及国际性金融中心均有机会开展人民币业务。通过竞争，可以让北京在无须完全放开资本账户的前提下，继续其人民币国际化进程。

在第 6 章里，我们将探讨这种策略是否有助于人民币实现飞跃式发展，从国际性货币升级为储备货币。

还是一个孩子的时候，我就可以接受这些丑陋的事实，因为一个人必须接受所有不愿意接受的东西，原因很简单——存在即合理，也就是所谓的“共存”。

——《还有更多的事情》（*There Are More Things*）

阿根廷诗人豪尔赫·路易斯·博尔赫斯（Jorge Luis Borges）

第6章

光荣与梦想

人民币的新角色

资料来源：新华社。

图 6.1
IMF 总裁克里斯蒂娜·拉加德与中国人民银行行长周小川

2015 年秋季，国际金融市场上演了一出跌宕起伏的大戏。IMF 正准备做出一个重要决定，即是否要接纳人民币进入 IMF 的货币篮子，使之成为确定特别提款权（Special Drawing Rights，SDR，IMF 虚拟货币单位）价值的五种货币之一。自 2001 年以来，SDR 的价值始终由美元、欧元、英镑和日元这四种主要储备货币构成的货币篮子决定。这显然是一个重大决策，因为一旦被纳入 SDR 货币篮子，就意味着人民币将成为全球主要国际金融机构的储备货币。

中国已明确表示想要这份奖励。据其官方的新闻机构新华社报道，在 IMF 总裁克里斯蒂娜·拉加德（图 6.1）2015 年 3 月造访北京时，国务院总理李克强就曾强烈呼吁 IMF 将人民币纳入 SDR 篮子。

报道指出，李克强总理对拉加德说，中国将采取一切必要措施实现这一目标，包括进一步加快资本账户开放步伐，为跨境资本流动提供更多的渠道。他还着重强调，将人民币补充到 SDR 篮子，受益的不只是中国，全世界都将得益于此："中国希望通过加入 SDR，积极参与维护全球金融稳定的国际合作，同时促进中国资本市场和金融领域的进一步开放。"

当时，正在谋求 IMF 核心成员支持其连任的拉加德丝毫不掩饰其组织的倾向性："中国政府已明确表达了将人民币纳入SDR篮子的期待。我们欢迎人民币加入这一行列，而且和中国政府有着同样的愿望。因此，我们将与中国政府密切合作，向着这个方向共同努力。"这就是说，只要中国能兑现承诺，IMF就会帮助他们实现这个目标。

2015年11月30日，国际货币基金组织宣布："执董会于今日决定，人民币符合进入SDR的现行全部标准。自2016年10月1日起，人民币被认定为可自由使用货币，并将作为第五种货币，与美元、欧元、日元和英镑一道构成SDR货币篮子。"

就此，人民币正式取得国际官方储备货币的地位。那么，中国政府为什么如此期待人民币成为储备货币呢？

纳入SDR，人民币登堂入室

当一种货币成为官方储备货币时，这种货币所享有的特权是无法想象的。这一点非常重要，尤其是对一个刚刚成为经济大国的国家。被纳入SDR篮子，标志着人民币已成为全球顶级储备货币俱乐部的成员。

取得储备货币地位的另一个好处是"铸币税收入"（Seigniorage Revenues），即任何中央银行通过发行本币都可以获得的收入来源。铸币税是货币价值与货币制造成本之间的差额。收入的另一个来源是"通货膨胀税"（Inflation Tax）。货币供给的增长通常会推高通胀率，因此，如果政府购买商品和服务的资金来自发行债务，而不是当前税收收入，那么通胀率提高就会减少政府债务在通胀调整后的价值。换句话说，政府如果现在或是以后需要购买商品和服务，只需印刷货币偿还债务即可。当然，发行太多钞票必然会带来通货膨胀，但只要不过度发行，一定程度的通胀反而会发挥润滑剂的作用，让经济机器运行得平稳顺畅。

只要由中央银行发行本币，任何政府都可以获得铸币税收入和通胀税收入。因此，当一个国家的货币成为国际储备货币时，这个国家就可以获得额外的收益，即向使用其货币的外国人收取这两种收入。

在理论上，储备货币的地位会提高外国人持有该国货币的概率。2015 年年底，流通中的美国货币总额为 1.38 万亿美元。据估计，约 3/5 的美国货币，或者说 8 000 亿美元的持有者都在美国以外。欧元在 2015 年年底的流通价值总额为 1.21 万亿美元，其中由欧元区以外居民持有的比例为 20%～25%。欧元和美元已得到全世界的认可，它们被用作价值储备。在某些国家，由于当地居民对本国货币缺乏信心，他们甚至会直接用欧元或美元进行日常交易。考虑到这两种货币具有广泛的可接受性，它们因此也成为非法活动和黑市交易的首选货币。除美元和欧元以外，其他任何主要国家的货币在境外需求均有限。

拥有储备货币的国家还能享受其他好处。首先，他们以本币发行的债券更容易得到外国投资者接受。由于政府往往可通过加印货币来偿还对外国人的债务，因而对政府而言，这显然比发行以外币标明面值的债券要安全得多。当然，过量发行钞票确实有可能引发国内通胀，因而不可能成为信手拈来的事情。然而，当一国遭遇极为艰难的经济困境时，有了这样一种选择，显然可以解燃眉之急。

当外国人在购买由储备货币国发行的债券时，实际上就是在为其政府和私人消费提供一种廉价融资渠道。美国将这种“嚣张的特权”发挥到了极致。目前，外国投资者已持有约 6 万亿美元的低利率联邦政府债券。

此外，储备货币发行国面对的汇率波动风险也相对较低。当一国货币在国际金融领域具有举足轻重的地位时，该国的进口商及出口商通常会以本币开具发票并结算交易。由于进口商必须在国内市场出售其商品，因此，以相对稳定的本币对海外采购的商品计价，有助于减少他们的财务风险。同样，出口商通常也倾向于以本币收取出口商品的价款，因为工资和银行融资利息等生产成本都是以本币支付的。无论是对出口商还是对进口商而言，减少对冲汇率波动风险，就相当于降低了成本。

玫瑰有刺：成为储备货币为何是一种负担？

获得储备货币地位也并不总是受欢迎。20 世纪 70 年代末，在以固定汇率制为基础的布雷顿森林体系崩溃后，作为联邦德国的央行，德意志联邦银行越来越担心即将成为储备货币的马克。他们不知道，这将对德国的出口、通货膨胀及汇率控制带来怎样的影响。1979 年，联邦德国时任总统奥特玛·埃明格尔（Otmar Emminger）声明："在任何形势下，联邦德国都不会为不受欢迎的美元提供垃圾场，因为这只会带来输入型通货膨胀。"

在随后几年里，联邦德国官方一直积极采取措施，阻止外国投资者买入马克。他们担心的是，随着本币在海外流通量的增长，会导致进出联邦德国的货币量出现较大波动，从而让政府丧失对马克供给量的控制。20 世纪 90 年代，德意志联邦银行前任行长汉斯·提特梅耶尔（Hans Tietmeyer）警告说，当德国马克在海外的持有量扩大时，一旦市场丧失对德国货币的信心，就有可能引发大规模抛售马克的行为。这将迫使德国央行维持高利率，避免点燃抛售的导火索。因此，成为储备货币的德国马克既是一份福利，也是一种负担。

毫无疑问，储备货币赋予发行国相当多的特权，但它也有消极的一面。当一国货币成为储备货币后，会增加市场对以这种货币计价的金融资产的需求，从而给本币带来升值压力，进而影响该国的出口及经济增长。此外，成为储备货币的本币还会导致货币政策的实施难以与国内经济形势相协调。

2012 年，日本和瑞士都曾遇到过这类问题，当时有很多外国投资者从安全性出发，开始大量持有这两个国家的货币。虽然说欧元区债务危机增加了对安全性的需求，但投资者还是不希望持有过多美元，这就促使他们寻求以日元和瑞士法郎等货币计价的资产。在这种情况下，考虑到本币升值将对国内制造业造成沉重打击，作为瑞士的中央银行，瑞士国家银行（SNB）采取断然措施，对瑞士法郎的升值幅度实施严格限制，付出的代价是让旅游业受到冲击。对那些来瑞士阿尔卑斯山旅游的欧洲及其他国家旅游者来说，他们以本币支付的成本将大幅上涨。但事实表明，要控制瑞士法郎币值的上限并不容易。2015 年 1 月，瑞士央行最终宣布，放弃币值控制政策。

中国同样要面对这一系列问题。随着人民币在国际金融领域的地位不断提高，全球对人民币的需求会不断增加。因此，维持本币与其他国家货币汇率稳定的难度必然随之加大，并最终使政府难以对人民币汇率实施有效控制，从而导致汇率出现大幅波动。

“特里芬难题”是伪命题？

至于储备货币带来的另一个负面影响则经常被人们提及：发行储备货币的国家有义务为全球提供足够的流动性。由此形成的矛盾就是所谓的“特里芬难题”，即为创造出全世界需要的对外净流动性，作为全球货币体系核心的储备货币发行国，就必然要出现经常账户赤字。基于这种观点，发行国只有存在经常账户赤字（本质为贸易赤字），才能允许其他国家购买储备货币发行国发行并以该储备货币计价的金融资产(以支付其经常账户赤字)。这一点在 20 世纪 60 年代体现得尤为突出，并引发美国经济学家罗伯特·特里芬（Robert Triffin）提出这个以其名字命名的理论。由于当时的全球资本流动受到严重限制，在金本位汇率制度下，美国需要为其他国家提供净流动性。换而言之，就是美国需要提供充足的美元供给，以保证国际贸易顺利进行，并承诺根据美元持有国的请求随时将其美元兑换为黄金。

尽管时代已发生变化（金本位制于 1971 年寿终正寝），但是在讨论储备货币时，仍有人不合时宜地提出“特里芬难题”。显然，如今任何一个国家都没有必要主动营造经常账户赤字，换句话说，即便要取得储备货币的地位，也没有必要成为其他国家的净债务国。对于日元和瑞士法郎这样的货币而言，特里芬的观点显然不适用。在过去的20多年里，尽管两国货币始终享有储备货币的特权，但它们对其他国家均为经常账户顺差。同样，即便欧元也取得国际储备货币的地位，但欧元区对其他地区基本维持着经常账户的均衡。实际上，2000—2007年，除英国和美国外，主要储备货币发行国的经常账户平均余额与GDP之比均为正数（对使用欧元的欧元区，以整体为考虑对象）。

就长期而言，我们可以看看一个国家的对外投资净额。经常账户赤字需要依靠对外借款来弥补，这就会导致一个国家对外负债。因此，长期维持经常账户赤字的国家的对外负债往往会多于对外资产。同样，经常账户的顺差国会拥有超过其负债的对外资产。

事实表明，储备货币发行国的净国际头寸情况各不相同。美国持有巨大的净对外负债头寸，截至2015年年底，其对外负债总额已达到7.4万亿美元。英国及整个欧元区同样也是净债务国，德国、日本和瑞士则是净债权国，拥有净资产头寸。这种多样化表明，储备货币并不是一国长期出现经常账户赤字的必要条件。这和“特里芬难题”阐述的意思并不一致。

一种更加隐讳的说法认为，“特里芬难题”依旧是有意义的，但仅适用于作为全球流动性主要提供者的国家，其货币已被国际货币体系锁定。这种观点实际上就是在说美国，美元是全球当之无愧的最大储备货币，因此，美国的唯一选择就是接受经常账户赤字。只有这样，美元才能为全世界提供充足的流动性。如果从这种思维出发，那么，一旦人民币开始挑战美元在全球金融中的霸主地位时，中国就要做好“迎接”经常账户赤字的准备。

但即便对于公认的全球性货币，考虑到全球金融市场通过跨境资本流动而达成的高度一体化，这种理论的前提也是站不住脚的。从理论上说，在当下巨额资本自由流动的背景下，一个国家只要能保证其对外投资与资本流入在规模上匹配，那么，它完全可以在维持经常账户均衡的条件下，为外国投资者提供充足的金融资产。实际上，自全球金融危机以来，美国从来就没有减少为其他国家提供的金融资产，其经常账户赤字却在持续收缩。对一个拥有储备货币的国家来说，比经常账户余额更重要的是，它可以提供以本币计价的高质量、低风险的金融资产，尤其是政府债券，以及高信用等级的公司债券。

基础决定命运：人民币的荣耀并非偶然

显然，没有任何程式化剧本可以详细说明一个国家的货币如何成为储备货币。尽管 IMF 的批准是最终标准，但 IMF 的角色毕竟只是一个裁判。在全球货币市场上，判断储备货币重要性的一个通用标准，就是以这种货币计价的金融资产在全球外汇储备中的比例。学术界则采用一套传统标准对全球外汇储备结构的变化进行分析。这些标准为衡量人民币成为储备货币的前景提供了良好的参照物，其中包括资本账户的开放性、是否执行弹性汇率、经济体量、宏观经济政策，以及金融市场的发展水平等。我们已经在前述章节对前两个标准做了深入解析。在本章里，我们将考虑中国在其余标准上达到的水平。

经济体量

有些经济学家一直称，仅凭中国的经济规模和发展前景，就应该让人民币成为全球储备货币。如前所述，中国已成为当之无愧的全球经济大国，根据按市场汇率核算的名义 GDP，中国在 2015 年对全球 GDP 的贡献率达到 15%。此外，我们还可以借助购买力平价（PPP）汇率，在对各国货币的购买力差异进行调整之后，对各国的 GDP 进行比较。

根据购买力平价汇率，中国经济的规模已超过美国，在全球GDP中的比重达到17%（附录B的表B.1）。

尽管中国在过去3年里的经济增长令人振奋，但有一个核心点还需牢记，即在成为富国之前，甚至在建立相对完善的金融市场之前，中国就已经是个对全球发展举足轻重的大国。毕竟，如果将规模作为首要标准，那么像瑞士这样一个GDP不到中国1/3的小国，就永远不可能拥有世界上最主要的储备货币之一。

以规模标准设定国际储备货币的另一个层面，体现为一个经济体在全球贸易中占据的份额。当然,对一国的货币能否成为国际储备货币，拥有庞大的贸易流既非充分也非必要条件，但它确实有助于让该国货币成为国际计价货币。当一国的经济体量足够大并在全球贸易中扮演重要角色时，其贸易伙伴就会发现，在交易中使用该国货币进行计价和结算更为经济。此外，持有该国货币就相当于拥有外汇储备。毕竟，持有外汇储备的一个重要原因，就是可以在国际融资出于某种原因而枯竭时满足进口之需。

目前，中国的对外商品贸易额已达到全球贸易总额的12%，与美国基本持平。在全球商品和服务贸易总额中，中国的份额略低于这个数字，约11%。在类似规模的经济体中，中国是贸易总额与GDP之比最高的国家之一（约42%），这个比率远高于日本和美国。上述指标体现出中国在全球贸易中的比重，以及日趋重要的地位。

除贸易额外，储备货币的另一个标准是一个经济体通过贸易往来与其他国家联系的密切程度。对于身在他国却必须以其本国货币结算的贸易商来说，这一点尤为重要。

根据相关标准，IMF在其近期开展的一项研究中指出，从贸易流动角度看，中国是目前世界上贸易关联度第二大的国家。由于中国在贸易额指标上同样居于次席，因此，它在全球贸易的总体重要性指标上排名第一。

宏观经济政策

以稳健的财政及货币政策为根本，致力于锚定长期通胀预期并促进宏观经济持续稳定发展，通常是储备货币最重要的属性。与主要储备货币发行国相比，中国的显性公共债务水平是最低的。据估计，2015 年，中央政府的负债占 GDP 的比重约为 17%。尽管这意味着“安全”的人民币计价资产在供给量上不够充裕，但是从宏观经济稳定性角度看，这样的债务水平显然是有利的。即使叠加地方政府债务，政府债务总额占 GDP 的比率仍低于 60%，依旧低于大多数发达国家的债务水平。

在过去的几年里，中国的通胀率保持相对稳定。2000—2010 年，全球经济与金融经历了从危机到“大缓和”阶段的过渡，全球主要大国的通胀率基本保持低位运行。在全部储备货币发行国，年均消费者价格指数通胀率的标准差（反映指数波动程度的统计指标）均在 1%左右。在此期间，新兴市场国家的通胀率标准差则分布在 3%～4%，其中又以中国最低，其标准差仅为 2%。2014 年和 2015 年，中国的消费者价格指数通胀率都低于 2%。

金融市场的发展

国内金融市场的发展状况是决定一种货币国际地位的另一个重要因素。金融市场的发展体现为三个层面。第一是金融市场的广度，即能否提供各种金融工具，以及是否拥有风险对冲市场。要成为有吸引力的国际货币，外国央行及大型机构投资者就必须能拥有以人民币计价的有价证券，包括股票和债券。外国央行及很多机构投资者尤其热衷于持有政府及公司债券，在他们看来，债券是其投资组合中的“安全”资产。第二个是深度，即能否为各类特定市场提供充足的金融工具供给。要吸引外国投资者，固定收益市场就必须拥有足够的深度（形形色色的可供市场参与者交易的有价证券）。毫无疑问，深度不足的金融市场更容易出现波动。反映金融市场发展程度的第三个因素是流动性，即较高的成交量（交易量）和周转率。除金融市场的深度和广度以外，这些市场还必须拥有足够的交易量，以确保投资者，尤其是大型投资者在需要时可随时执行交易，并可在不对交易价格产生明显影响的前提下进入或退出市场。因此，在评价一国是否在金融领域为放开资本账户、将本国货币升级为储备货币时，深度、广度及流动性都是必须考虑的因素。

中国的金融体系依旧以银行为主导，且由政府直接控制银行体系的大部分要素。此外，一个庞大的、规避正式银行监管的影子银行系统还在快速形成。尽管中国的银行体系以正式银行或影子银行为主导，但除金融稳定性之外，影响人民币成为储备货币的一个更重要的因素，在于外国投资者能否获得高质量金融资产。

中国在金融体系上取得的进步，最显著的一个特征在于股票市场的发展。自 2002 年引入 QFII 政策开始（详见第 3 章），外国投资者可以在上海及深圳证券交易所购买中国上市公司的股票。但是在 2005 年以前，中国股票市场约 2/3 的股份还是不可流通的限售股，主要是政府和国有金融机构直接持有的股票。就在当年，中国开展股权分置改革，允许中国上市公司的不可流通股进入股市直接交易。这些改革对中国的股票市场产生了深远影响。市值（一国股票交易所全部上市公司股票的市场价值总额）在改革后开始上涨，并在 2007 年达到最高点，直到 2008—2009 年的全球金融危机爆发后才转为下行。改革之后，两个交易所的成交量也开始稳步提高。

目前，中国股票市场的市值和成交量已超过全球大部分国家，但美国是一个例外。无论全球股票市场的市值还是成交量，美国均处于绝对领先地位。上海及深圳证券交易所的上市公司数量持续增加，截至 2016 年 5 月，上市公司的数量已从 2000 年的 1 088 家增加到 2 868 家。相比之下，2016 年 5 月，纽约证券交易所的上市公司数量为 3 215 家，纳斯达克为 3 142 家，这两者均包括海外公司。

在原则上说，股票市场上以人民币计价的金融工具可被国内外投资者持有，如第 3 章所述。目前，已有越来越多渠道供外国投资者进入中国金融市场，甚至直接进入 A 股市场。但是在现实中，基于对外国股权投资的限制，外国投资者在股票市场中的参与度依旧有限。

孱弱的公司治理、有限的透明度、弱化的审计标准，以及乱象丛生的会计实务，让中国企业步履艰辛。全面性制度及监管改革的裹足不前，导致市场难以发挥有效的价格发现功能，让股票投资者面对的市场价格无法反映公司真实的财务状况和发展前景。再加上股票市场整体缺乏效率，使得中国股市变化莫测。

2015—2016 年的股市震荡，以及政府对待股市的方式，进一步加剧了这些问题。我们将在第 8 章探讨中国金融市场的总体稳定性。但是从储备货币标准的角度看，一个不可回避的问题是，即便对投资性资本流入给予更大的自由度，海外投资者依旧不会大举持有中国上市公司的股票。因此，在推动人民币国际化的道路上，股票市场的作用或许极为有限。

中国的固定收益市场（债券市场），尤其是企业债券市场在近几年呈现出快速发展态势。截至 2016 年 3 月，政府债券的流通量已达到 4.3 万亿美元。在 2005 年，实际上还不存在真正意义上的非金融企业债券。当时的所谓准非金融企业债券存量不足 1 000 亿美元，但到了 2016 年 3 月，流通中的非金融企业债券总额已增长到 2.2 万亿美元，中国内地的债券市场总值已接近 6.5 万亿美元。尽管在绝对数上已非常巨大，但依旧低于三个储备货币发行国的水平：美国、日本及欧元区（有关各国发行债券规模的详情见附录 B 的表 B.8）。2016 年 3 月，美国政府债券（包括市政债券）的流通价值总额为 18.9 万亿美元，公司债券的存量为 8.2 万亿美元。考虑到联邦机构发行的债务凭证，以及与抵押贷款相关的其他形式债务凭证，美国的固定收益市场总规模约为 40 万亿美元。

有趣的是，中国的固定收益市场规模已超过另外两个储备货币发行国——英国和瑞士。这表明，从根本上说，中国债券市场的规模未必会阻碍人民币成为储备货币的进程。

此外，在过去10年里，中国债券市场的交易活动在金额上稳步增长。从周转率（年度交易额与可交易债券余额之比）来看，政府债券为0.6，企业债券为0.3。而美国的这两个指标分别为6.7和0.8。毋庸置疑，美国的债券市场是世界流动性最强的固定收益市场。日本的政府债券成交率为1.2，但其公司债券的交易率仅为0.1，甚至远低于中国。

目前，中国已废除针对外国投资者参与债券市场的大多数限制政策，并积极为外国投资者购买中国政府及企业债券创造渠道，其中就包括前述的QFII制度。但就总体而言，出于对中国债券市场在稳定性和透明度方面的顾虑，外国投资者始终保持审慎态度。因此，人民币为将来成为储备货币而画出的轨迹，将在很大程度上取决于中国能否建立具有足够规模、流动性和监管完善的债券市场。

人民币的短板

现在，我们对人民币成为储备货币的关键指标上的表现进行汇总。

（1）经济体量。显而易见，一个国家的经济规模及其在全球贸易和金融中的比重是决定储备货币地位的重要因素，但绝非至关重要。目前，中国占全球GDP的比重为15%（如按PPP汇率而非市场汇率核算的话，则为17%），在全球商品及服务贸易中的比重为11%。据估计，2014—2015年，中国对全球GDP增长的贡献率约为1/3。

（2）资本账户开放度。储备货币必须能被该国贸易及金融合作伙伴所接受，这就需要该货币在全球金融市场上易于交易。中国正在循序渐进、有选择性地放松对资本汇入及汇出的限制。尽管中国资本账户开放度已有很大改进，而且还在继续完善，但资本管制政策仍然很多。

（3）弹性汇率。储备货币通常是可自由交易的，其对外价值依赖于市场，但也不排除央行非经常性干预外汇市场。多年以来，中国的汇率弹性已大为改观，并在原则上让市场力量在汇率的决定上发挥更大作用。尽管如此，中国的汇率依旧处于高度管理下。但是，随着资本账户逐步放开，这种管理的难度将不断加大。

（4）宏观经济政策。当投资者投资一国的主权资产时，必定是对该国的低通胀和公共债务水平的可持续抱有信心。在这种情况下，该国货币的价值不易遭受贬值风险。与大多数主要储备货币发行国相比，中国的显性公共债务与 GDP 之比处于低位，并在近年维持适中的通胀率。

（5）金融市场的发展水平。只有在一国金融市场拥有足够的深度、广度和流动性时，外国投资者才能获取各种以该国货币计价的金融资产。虽然说中国的金融市场已形成一定规模，但是就上述三个方面看，其波动性较大，管制尚不到位，且缺乏强有力的制度支撑。

显然，中国在前四个方面均处于有利地位。不过，决定一种货币能否成为储备货币的最终标准，却有可能是最后一个标准——金融市场的发展水平，而这恰恰是中国的短板。中国还需以齐心协力、持之以恒的行动缩小与其他储备货币的差距。然而，尽管金融市场还不够发达，但中国正努力为其货币设计新的脚本。实际上，人民币早已登上国际舞台，这在一定程度上要归功于中国政府所实施的政策，当然，还有中国的经济规模及其在国际贸易金融领域不断提升的地位。

从“草根”到“贵族”

人民币当然不乏令人惊叹之处。实际上，即便是尚未满足成为储备货币诸多不可或缺的技术性标准，人民币已经取得了超越普通货币的地位。

理论上说，只有以可兑换货币计价的流动性金融资产才可作为一国的外汇储备。然而，在这10年期间，虽然尚缺乏可兑换性，但人民币仍出现在少数央行的储备资产中。目前坊间已达成共识，2011年前后开始在储备货币中持有人民币的智利、马来西亚和尼日利亚，是引领这个趋势的先行者。2011年，智利中央银行开始在其外汇资产中少量持有人民币计价资产，比例约为0.3%。但是到2015年年底，这个比例已增加到3%。而尽管马来西亚央行从未对外宣称，但其持有人民币资产的事实已被坊间普遍得知。

2011年9月5日，尼日利亚央行发表声明称："已最终做出安排，将人民币纳入美元、欧元及英镑构成的货币组合，以实现外汇储备的多元化。"在提及增加人民币资产的比例时，时任尼日利亚央行行长拉米多·萨努西（Lamido Sanusi）称"我们计划将人民币在我们外汇储备中的比例定为5%～10%"。

众多亚洲央行都以人民币资产作为实现其外汇储备多元化的手段。2012年，印度尼西亚银行宣布，该国已开始在中国银行间市场购买债券，以实现储备资产的多样化。日本、韩国和泰国央行也纷纷表达将人民币债券纳入储备组合的意图。

部分非亚洲国家央行也迫不及待地搭上人民币储备资产这辆彩车。2011年11月，奥地利国家银行（OeNB）隆重发布了与中国人民银行签署的协议，称"将为奥地利国家银行以人民币投资人民币计价资产打开大门"。此次新闻发布会高调指出："这是中国人民银行与非亚洲国家央行签署的第一个此类协议，可视为两国央行建立友好关系的重要一步。"欧洲其他央行纷纷紧跟奥地利央行的步伐。到2016年年初，瑞士央行已在外汇储备组合中配置了0.7%的人民币计价资产。

官方声明及其他信息来源显示，其他很多国家的央行也在考虑或已将人民币纳入其储备资产。除上述提到的9个国家外，其他类似国家还包括澳大利亚、巴基斯坦、南非、坦桑尼亚、俄罗斯和英国。外国央行要买入中国债券作为储备资产，必须通过 QFII 制度征得中国政府的批准。主权财富基金也不例外。

据 IMF 估计，2014 年，人民币计价的资产占全球外汇储备资产的比例，从前一年的 0.7%上升至 1.1%，上述估测是依据 38 个国家的外汇储备数据（IMF 并未指明具体国家的名称）。该报告指出，这些国家在其官方储备组合中拥有人民币计价的资产（2013 年，以人民币资产作为储备资产的国家还只有 27 个）。在公认的官方外币资产构成中，人民币的热门程度排在第七位，前六位分别为美元（2014 年为 64%，持有国家的数量为 127 个）、欧元（21%）、英镑（4%）、日元（3%）、澳元（2%）和加元（2%）。人民币的比例甚至已超过瑞士法郎（0.3%），以及同为 0.2%的新西兰元和瑞典克朗。

IMF 每季度对前六种货币及瑞士法郎单独发布《官方外汇储备币种构成报告》（*COFER*），其他货币被合并到“其他”条目中。到 2015 年底，这七种货币的比例基本与 2014 年持平。2016 年 3 月，IMF 宣布，从 2016 年 12 月发布的《官方外汇储备币种构成报告》（发布于 2017 年 3 月）起，将单列统计以人民币持有的外汇资产比重并同时反映其升值预期。声明还称：“IMF 成员国可记录为满足国际收支金融债务而持有的以人民币计价的对外资产。”

这些数据彰显出人民币地位的提升，也演绎出美元地位的衰退。毋庸置疑，深耕这些数字绝对是件颇具诱惑力的事情。不妨以尼日利亚为例。2011 年，尼日利亚央行在其外汇储备中持有的人民币还只有 0.3%，而美元的比例为 82%。到 2015 年，人民币的比例已提高至 7.5%，足足增加了 7%，而美元的比重则减少了相同百分点，降至 75%。

但换一个角度看，尼日利亚央行管理的外汇储备在 2015 年底仅有 280 亿美元，即便在 2011 年的最高峰时也只有 330 亿美元。最近数据表明，2015 年美元占全球外汇储备的比重约为 64%，较 2007 年金融危机前的 62%略有上升。

毋庸置疑，考虑到中国经济及债券市场的扩大，一个理性的储备资产管理者肯定会增加人民币计价资产的持有量，而不是以单纯的投资多元化为唯一目标。中国的政府债务比低于大多数发达国家，而且其中央政府的债务拥有相当高的信用等级。正如一位瑞士央行官员在讨论该行储备资产结构时所言："每一次，我们考虑的都是中国市场的规模，但是，即便从安全性标准上看，投资中国也是有吸引力的，因为中国为我们进一步拓宽市场、分散信用和风险集中度提供了机会。"

总之，到目前为止，人民币在成为储备货币道路上的进展还很有限，但它在这条道路上的轨迹无疑是在上升。人民币取得的成就具有象征性意义，因为它标志着，对于人民币的稳定性及其未来在国际货币体系中扮演的角色，人们的认识已出现了重大转变。另一方面，就此推断人民币的未来走势还为时尚早。在将人民币纳入储备货币的国家中，大多数与中国保持着紧密的贸易伙伴关系。对这些国家而言，维持一定的人民币流动性不仅会改善其储备资产的多元化，而且可以为它们完成贸易交易提供便利。

货币互换：雪中送炭，抑或锦上添花?

自 2009 年开始，中国人民银行已和越来越多其他国家央行签署了双边货币互换协定，为方便并扩大人民币在国际贸易和金融交易中的使用创造了条件。实际上，早在大力推进人民币国际化运用之前，中国就已和很多亚洲国家央行确立了货币互换额度，其中的大部分为美元与人民币的互换，即中国以美元与多方国家的本币进行互换。换句话说，如对方国家因国际收支或金融危机而面对流动性困境，那么，中国等国家的外汇储备往往可用作附加的信贷额度。

与最初版本相比，中国人民银行在 2009 年后签署的人民币货币互换协定有着本质差异。目前协定中的所有互换均采用本币，也就是说，中国人民银行承诺将对方央行的货币互换为人民币。截至 2016 年 6 月，已有 36 家外国央行与中国人民银行签订了这种本币与人民币的互换协定。

对扩大人民币业务的迫切期待，叠加将伦敦打造为全球人民币业务中心的目标，英格兰银行（英国央行）也在 2013 年 6 月与中国人民银行签署了货币互换协定，使得英国成为七国集团中首个与中国人民银行签署此类协定的国家。随后，一大批发达国家纷纷与中国人民银行签订货币互换协定。

按目前已签署的互换协定，36 个货币互换安排参与国（地区）可提取的互换额度总额相当于 5 000 亿美元，这显然不是个小数。互换额度最大的协定当属中国香港金融管理局，为 610 亿美元。中国人民银行为韩国银行、新加坡金融管理局、英格兰银行及欧洲央行安排的额度在 460 亿～ 550 亿美元。

中国与其他国家央行的双边货币互换额度为人民币的国际化使用提供了最直接的支持。不过，迄今为止，这些双边协议涉及的金额依旧非常有限。尽管数字不大，但中国人民银行的愿望和决心毋庸置疑，即让更多国家的央行接受并熟悉以人民币计价的金融资产及工具。

不管是大国还是小国，也不管是亚洲国家还是非亚洲国家，如此之多的国家对与中国签署双边金融协定表现出如此之高的兴趣，这无疑值得关注。与很多将人民币纳入本国储备资产的国家一样，在这些与中国人民银行签署双边货币互换协定的国家眼中，中国无疑是它们最重要的贸易伙伴。因此，作为世界贸易大国，中国在贸易领域地位的不断攀升为人民币地位的提升提供了最直接的动力。对于德国和英国等国家，与中国建立更坚实的金融纽带还有着特殊的意义：这将有助于它们的金融中心吸引更多的人民币业务。

不过，这么多国家热心与中国签署货币互换协定，甚至直接将人民币纳入本国的储备资产，并不意味着人民币主导世界金融已成不可逆转的趋势。相反，这些举措很可能只是一种低风险赌注，即预期人民币将成为可兑换的、普遍接受的全球性货币。同样，还有很多国家迫切希望与中国这个日益强大的经济大国建立良好的经济关系，而持有人民币或许是从中国取得庇佑最简单的方法。对于为人民币在艰难爬坡时期提供过帮助的外国央行来说，中国自然也更有可能投桃报李。

数字背后的象征性意义远比数字本身更值得解读：全世界的中央银行都在为人民币成为世界金融殿堂的主角而精心准备。

水到渠成：人民币的“成人礼”

进入 IMF 的 SDR 货币篮子无疑将为提升人民币的储备货币地位画出浓墨重彩的一笔。

SDR 是国际货币基金组织于 1969 年创造的一种用于补充成员国官方储备的国际储备资产，成员国可以用 SDR 偿还国际货币基金组织债务、弥补会员国政府之间国际收支逆差。它本身既非货币，也不会对基金组织形成任何诉求。相反，它是 IMF 成员国可自由使用货币的一种潜在权利。换而言之，在原则上，SDR 可兑换为“可自由使用”货币，但不能直接用于私人交易。SDR 额度根据各会员国对基金组织认缴的份额进行分配。

截至 2016 年 3 月，SDR 的存量总额约为 2 850 亿美元。虽然数字巨大，但实际上还不到各成员国储备货币总额的 3%。截至 2015 年年底，全球外汇储备总额为 10.9 万亿美元，占全球储备资产总额的近 96%。

人民币加入 SDR 的一波三折

2009 年 3 月，中国人民银行官网刊载了行长周小川发表的一篇文章《关于改革国际货币体系的思考》。该文敦促特别提款权（SDR）应在全球金融中扮演更重要的角色，并指出 SDR 也需要与时俱进，充分反映时代特征，适时纳入主要新兴市场国家的货币。这一主张被国际社会普遍解读为中国政府发出的一个重要信号——将人民币纳入 SDR 货币篮子，以进一步提升人民币的国际地位，但 IMF 在 2010 年立场简洁明了：

> 尽管按 5 年期平均数评估，中国已成为全球第三大商品和服务出口国，并针对加速其货币的国际化运用采取了切实有效的措施，但人民币目前尚不符合“可自由使用”的标准，因此当前还不适于被纳入 SDR 篮子中。

由此可见，IMF 意在严格执行“可自由使用”这一标准。

到 2011 年，风向似乎有所改变。当年，将人民币纳入 SDR 篮子成为热门话题。在主持 2011 年 G20 峰会期间，法国政府曾在多种场合提及这个建议，并认为这将是国际货币体系改革的重要一步。在 2011 年 3 月的 G20 峰会南京研讨会上，法国时任总统尼古拉·萨科齐（Nicolas Sarkozy）指出：“今天难道不是我们该达成协议、接受人民币等新兴市场国家货币，以扩大 SDR 篮子的时候吗？有谁会质疑人民币在国际货币体系中的重要作用呢？我们必须向世界货币大国中国的经济和政治实力表示敬意。”在 2011 年的 G20 戛纳峰会公报中，包含了这样一段话：

> 我们认为，SDR(特别提款权)的组成应继续反映各种货币在全球交易和金融系统中所扮演的角色，并体现货币随着时间推移的角色变化和特点……一个更为广泛的 SDR 货币篮子将会增加其自身的吸引力，增强其作为全球储备资产的影响力。

换句话说，将人民币纳入 SDR 篮子中，将会有利于 SDR 本身。在峰会闭幕当天召开的最后一场新闻发布会上，萨科齐以更直接的方式表明这个观点："我已经提到，我乐见中国政府为逐步改善货币可兑换性而作出的努力。人民币理所应当成为 SDR 篮子的候选货币。"

对扩大 SDR 篮子一事的前景，中国政府的态度更为慎重。中国人民银行副行长易纲曾敦促 IMF 对 SDR 开展深入研究，并主张"在下一次对 SDR 评估时，IMF 应考虑把'金砖国家'（巴西、俄罗斯、印度、中国和南非）及其他新兴市场国家的货币纳入 SDR 货币篮子中"。不过，据媒体援引易纲的话称："中国将尊重 IMF 的现有规则，并不急于让人民币被纳入 SDR，毕竟，迄今为止，SDR 还只是一种象征性的货币篮子。"

但是到了 2015 年年初，中国已说服 IMF 将人民币纳入 SDR 确定为一个政策目标。中国人民银行认为此目标将有助于推进国内金融体系改革。此外，中国也希望在 2016 年 G20 国家首脑峰会之前确立其在世界金融领域的地位，而此次峰会的高潮是各国领导人在 2016 年 9 月参加的 G20 杭州会议。

2015 年年初，中国开始大张旗鼓地采取措施。在 2015 年 4 月的 IMF 春季会议上，中国人民银行行长周小川承诺，中国将采取一系列改革进一步改善资本账户的开放度。中国也确实履行了承诺，在 2015 年实施了多项金融市场及资本账户改革。

如第 3 章所述，当年，中国政府取消了针对跨境资本流动的诸多限制性政策。此外，中国人民银行也取消了长期以来对银行存款设置最高利率的做法，为银行独立制订存贷款利率清除了最后一道障碍。自 IMF 宣布将完全市场化利率作为储备货币基本条件以来，这显然是中国政府为实现人民币国际化而采取的一项极为重要的举措。

2015 年 8 月，IMF 发布《SDR 估值方法评估——初步考虑》，对评估 SDR 结构及估值的方法进行了总结。报告称，在当时情况下，人民币"已展现出高度的国际化使用，并被大量用于贸易结算"，但是还远未达到构成 SDR 篮子的其他四种可自由使用货币的水平。此外，报告还称，尽管此次评估必须在 2015 年年底做出最终结论，但无论人民币是否被纳入 SDR，均将现有 SDR 货币篮子的使用期限推迟至 2016 年 10 月。

IMF 对延期给出的解释是，如果在新一年度首个交易日推出新的货币篮子，必将会增加 SDR 使用者的成本和风险；这种推迟也有助于降低 SDR 使用者面临的不确定性，促进 SDR 相关操作顺利进行，同时留下足够时间来对合约安排做出必要的调整，包括为应对 IMF 执行董事会最终决定为 SDR 货币篮子增加一种新货币的情况而做出的调整。

2015 年 8 月 11 日，IMF 执行董事会批准了这项建议。然而，在某些媒体中，此次批准却被误读为 IMF 将推迟对本轮 SDR 篮子评估的最后期限。IMF 强调，延长 SDR 货币篮子的有效期与人民币是否纳入，以及何时做出决定纳入 SDR 没有直接关系。

对于人民币在成为全球性交易货币方面取得的进展，该报告给予了充分肯定。报告着重指出，通过人民币在外汇市场上的成交量、在国际外汇储备中的份额、以人民币计价的国际银行借贷、以人民币计价的股票及国际债券发行量、SWIFT 跨境支付，以及 SWIFT 贸易融资等一系列关键指标可看出，人民币的国际化使用程度已在原本较低的基础上实现了长足发展。

IMF 报告指出，人民币离岸汇率（CNH）对在岸汇率（CNY）的偏离带来了“潜在的经营问题”。两种汇率的偏离意味着，CNH 还不可能成为完美的人民币汇率风险对冲工具，因为这种偏离会给 IMF 等少数国际机构管理其 SDR 的资产负债表造成困难。当人民币在不同市场上以不同价格交易时，这些机构会发现，难以对因持有人民币造成的市场波动进行有效管理。

报告突出强调的一个重要点在于，完全开放的资本账户并非是满足“可自由使用”标准的前提。报告指出：“即使货币发行国保留某些限制性措施，但其货币依旧有可能被广泛使用和交易……但还是要相关市场上的资本流动给予充分的自由度，只有这样，可接受基金组织融资的成员国，才能进入这个市场。”但报告同时也明确提出，只要废除对资本账户的管制，离岸汇率、风险对冲工具的供给，以及外汇市场流动性等问题自然迎刃而解。

报告最后一段的结论耐人寻味：

> 执行董事会的最终评估将涉及一个影响判断结果的重要因素。人民币在全球贸易和金融体系中的用途已发生了翻天覆地的变化，这给基金组织的评估带来了挑战。因此，包括各项指标的权重分配及其对“可自由使用”概念的影响，基金还需进行判断。

换句话说，最终是否将人民币纳入 SDR 货币篮子，不仅要考虑纯粹的技术性标准，还取决于政治博弈的结果。

前进路上的羁绊

2015 年 8 月，就在 IMF 正式发布《SDR 估值方法评估——初步考虑》后的几天，中国人民银行宣布，将迈出汇率自由化改革的重要一步——让汇率由市场来决定。这显然是为 SDR 篮子接纳人民币而采取的一项重大举措。但政策并未如期落地（见第 4 章），由此带来的混乱也超出了中国人民银行和 IMF 的预料。

在发布上述计划的同时，中国人民银行还宣布下调人民币对美元汇率 1.9 个百分点。这立刻引发市场猜测，为提振疲软的出口，中国人民银行极有可能对人民币采取一步贬值。在中国人民银行采取贬值措施后，离岸汇率和在岸汇率的偏离几乎瞬间放大。在货币市场上，纵然两种货币在不同市场上的报价只有千分之一的差异，那也是一个无比巨大的数字。

对可自由交易的货币，这样的差异只会短暂出现，因为交易商会立即利用汇差进行套汇，从而迅速弥合汇差。按照这个标准，8 月中旬，CNY 与 CNH 俨然是一个汇率“大裂谷”——这是由于货币交易商预期人民币将进一步贬值，导致离岸汇率低于在岸汇率。中国人民银行对在岸市场的严格控制，以及资本的非完全自由流动相互叠加，意味着这个裂口或将维持数日。

2015 年 10 月，尽管中国人民银行积极干预离岸货币市场，离岸汇率和在岸汇率的偏离有所收窄，但依旧可观。IMF 在报告中称这种偏离会带来“经营问题”实际就是指这种情况。尽管措辞温和，但问题的严重性不言而喻。如果延续下去，极有可能导致危及人民币进入 SDR 篮子的前景，让原本似乎板上钉钉的事情变得扑朔迷离。

2015 年 10 月，在秘鲁首都利马召开的 IMF 及世界银行年会上，面对各国央行行长和财长，中国人民银行副行长易纲阐述了中国对人民币加入 SDR 篮子的立场。他指出：“除积极准备实施我们在 4 月提出的改革方案以外，中国还将执行或马上推行如下改革措施。”随后，他列举了中国为消除其他国家顾虑而要着手实施的一系列措施。他接着称：“我们有信心完成这些改革措施，人民币完全可以满足进入 SDR 篮子的操作性要求。”

随着做出最终决定时间的逼近，中国开始对 IMF 持续施压。11 月，在土耳其安塔利亚召开的 G20 峰会上，习近平主席再次向各国首脑表达了中国的观点：“IMF 对 SDR 的审查报告指出人民币满足‘可自由使用’标准，建议纳入 SDR 货币篮子。中方对此表示欢迎，认为这将有利于提高特别提款权的代表性和吸引力，也将有利于完善国际货币体系，维护全球金融稳定。中方期待本月底 IMF 执董会的讨论取得积极结果。”在理论上，人民币能否加入 SDR 篮子完全取决于技术性指标的考核，但此时的IMF显然已被逼入绝境，因为拉加德无论如何也不愿意与中国政府交恶。

2015年11月13日，拉加德发表如下声明：

> IMF工作人员当天已向执行董事会提交了5年一轮的SDR审议文件。在文件中，IMF工作人员经过评估认为，人民币符合“可自由使用”货币的要求。因此，工作人员建议执董会认定人民币可自由使用，并将其作为除英镑、欧元、日元和美元之外的第五种货币纳入SDR篮子。工作人员还认为，对于工作人员今年7月向执董会提交的初步分析中指出的所有悬而未决的操作性问题，中国当局也均已解决。我支持工作人员的分析和建议。当然，关于人民币是否应被纳入SDR货币篮子，最终将由IMF执董会裁定。

对IMF人员的立场，美国财政部表示支持，并在其官方网站上指出，在与中国高层的会晤中，“财长雅各布·卢重申，只要人民币满足IMF目前的要求，美国就支持将人民币纳入SDR的决定。为此，美国正在对IMF的报告进行研究。”

2015年11月30日，IMF执行董事会宣布，批准人民币加入SDR货币篮子。新的货币篮子将于2016年10月1日起正式生效。决议过程几乎没有反对声音，大多数国家赞成IMF人员的建议。最终结果由拉加德宣布：

> 执行董事会作出将人民币加入SDR货币篮子的决定是一个重要的里程碑。它将中国这个经济大国与全球金融体系融为一体，也是对中国政府长期以来在货币和金融体系改革进程取得的成就给予的肯定。随着这些改革措施的持久深入，国际货币

和金融体系将更有活力。反过来，这也将对中国及全球经济的增长和稳定给予最有力的支持。

毫无疑问，中国最终成为这场博弈的胜利者。无论是美国还是其他国家，都不愿意成为中国的绊脚石。

调整权重

此外，借此机会，IMF 还修订了计算 SDR 篮子中各种货币权重的公式（全部货币权重的总和为 100%）。在以前的权重计算公式中，权重从本质上说仅参考一国的出口额及全球储备中以该国货币计价的资产存量之和。而新的计算公式不仅要考虑贸易流，还要反映跨境金融流日趋提高的重要性。在新公式中，出口指标和金融指标被赋予相同的权重，分别体现一国在全球贸易中的地位，以及该国货币在全球金融市场中的重要性。金融指标本身又是一个综合性变量，其中，对以相关货币计价的储备资产在全球外汇储备中的份额占 50%，以该货币结算的全球外汇交易成交额占 25%，以该货币计价的国际银行业负债及国际债券的总额占 25%。

按照新的权重计算公式，SDR 篮子中各货币的权重分别为：美元 41.73%，欧元 30.93%，人民币 10.92%，日元 8.33%，英镑 8.09%。有趣的是，美元在以前篮子中的比例就是 41.9%，本次调整几乎未发生任何变化，而其他三种货币的权重均较以前有了大幅下降。

IMF 的决定，对中国在开放金融市场、提高资本账户开放度，以及提高人民币汇率市场化等方面取得的进步给予了肯定和验证。这个决定至少可以坚定经济改革者的信心，为金融领域市场化进程及下一步改革提供持续不断的原动力。不过，对于进一步深化金融体系改革，以及市场导向的宽松监管措施，中国内部尚有巨大阻力，而决定本身似乎也不足以让力量的天平发生重大改变。

变革非一朝一夕之事

无论是对广义上的国际金融，还是从狭义上推动中国进一步放开资本流入的视角看，将人民币纳入 SDR 篮子的决定都不足以带来震撼性的改变。IMF 和 BIS 等国际金融机构均以 SDR 为标准管理其资产负债表。在纳入人民币之后，他们必然要对资产和负债进行适当调整。但私人金融机构显然不会持有以 SDR 计价的组合，因而也无须进行资产负债的再平衡。

然而，这个决定的象征性意义是巨大的，因为接受人民币的正式储备货币地位，极有可能鼓励更多国家的央行将人民币纳入其储备资产。IMF 的认可无疑就是最好的背书，但归根到底，决定人民币成为全球储备货币前景的根本，还是在于中国能否充分供给以人民币计价的金融资产，以及中国能否进一步放开对金融资本流动的限制。

如果人民币“入篮”决定能激励中国推行进一步的金融体系改革、提高资本账户自由化并改善汇率的弹性，那么，这个决定就有可能对全球资本流动模式带来重大影响。而这种改变必将刺激更多资本流入中国。此外，随着中国居民、企业及机构投资者对外投资的增长，以央行外汇储备为主体的资本流出结构也将得到改善。IMF 认为，这一决定不仅有利于中国，也有助于国际货币体系的完善：

> 从更广的角度看，人民币加入 SDR 货币篮子可以被视作中国与全球金融体系融合过程中的一个重要里程碑。它也对中国的持续改革进程起到确认和强化作用。随着这种融合过程继续推进并不断深化，并且其他新兴市场经济体在这方面也取得进展，国际货币和金融体系将得到增强，这将有利于全球经济增长和稳定。人民币的加入还将提高 SDR 作为国际储备资产的吸引力，因为 SDR 篮子将更加多元化，更能代表世界主要货币。

毋庸置疑，人民币在成为全球储备货币的道路上已实现了巨大进步。它不仅已成为合格的储备货币，甚至已经是一种极为重要的储备货币，这不可避免地会让某些国家坐立不安（毫无疑问，有人欢喜就会有人忧）。这意味着，在全球金融领域，人民币迟早会有一天与美元平起平坐，甚至取而代之。历史证明，无论是以历史去推论未来，还是用现在去预测未来，都难以令人信服。在美国，对国内衰退及中国崛起的过度宣传让很多人感受到威胁。不过，在成为金融大鳄之前，中国还需清醒地面对现实：未来的路还很长远。

从常识角度看，量子电动力学对自然的描述是荒谬的。但它与实验结果非常吻合，因此，我希望您能接受“自然的本性——荒谬”。我非常愿意向您讲述这种荒谬，因为我觉得这非常有意思。

——《QED：光和物质的奇异性》

（*QED*：*The Strange Theory of Light and Matter*）

理查德·P. 费曼（Richard P. Feynman）

第 7 章

不确定世界的“避风港”

美国一直被称为全球投资者的最后一个“避风港”，当然，有时也是他们的第一选择。过去几年，美元的坚挺进一步强化了追逐美元金融资产的观念。面对金融乱局，当惊慌失措的投资者寻求安全庇佑时，对美国联邦政府履行债务契约的坚定信念，让美国国债成为他们最好的选择。尽管这些国债的收益率很低，但这就是金融资产安全性概念的核心——资产的安全性源于预期。在投资者心目中，至少美元可以让他们保住本钱。

此外，这样的资产还需要具备较高的流动性，或者说易于交易。美国国债的流动性和安全性当然是有保障的，这也让美元成为终极的“避风港”货币（Safe Haven Currency）。

但是全球金融危机后的这 10 年里，有一种货币能够为全球投资者贡献超过美元资产的收益率。如果在 2005 年年初将 1 美元投资于标普 500 指数，那么，这笔投资在 2016 年 4 月的价值为 1.72 美元。在同一时期，如果将 1 美元兑换为人民币并投资于上海证券交易所指数，这笔投资的价值将接近 3 美元。尽管中国股票市场在此期间经历了大起大落，但人民币对美元的 28%增值足以让投资者心满意足。

虽然两种货币的相对价值出现如此大幅度的改变，但美元依旧是无可争议的“避风港”货币，而人民币还不是。这似乎有点难以理解，因为自 2005 年以来，人民币已出现了大幅升值——不仅仅对美元，对包括欧元、日元和英镑在内的所有主要货币均有不同程度升值。

此外，在过去的这个 10 年里，中国经济的表现也远优于这些国家。不过，人民币刚刚取得了储备货币的地位。因此，像其他储备货币那样成为大众普遍接受的“避风港”货币，对人民币而言或许只是时间早晚的事情。

对这个问题感兴趣的已不仅仅是学术界。尽管人民币或许最终会成为一种重要的储备货币，但如果包括各国中央银行在内的外国投资者，只是把人民币当做他们寻求资产多样化的手段，而非安全的“避风港”，那么，人民币就不可能在全球外汇储备中占据重要地位。

目前，虽然美国对全球 GDP 的贡献率仅为 1/5 左右，但截至 2015 年年底，美元计价资产在全球外汇储备的份额接近 64%。而欧元占 20%，英镑和日元各约占 5%，澳元和加元各占 2%左右，余下 3%被其他货币瓜分。

因此，人民币能否成为像日元或英镑那样的重要储备货币，甚至到可以和美元一争高下的地位，取决于投资者是否将中国视为安全“避风港”，而不仅仅是一个高收益、高风险，能够提升平均收益率，却与安全区无关的投资对象。在这个 10 年开始时，全球外汇储备中几乎还看不到人民币的影子，到 2014 年，人民币已占据了 1%的份额。人民币崛起的趋势是显而易见的，但它在这条道路上还能走多远，抑或就此停下脚步，还是要取决于投资者的看法。

与此同时，在全球金融危机留下的阴影中，安全资产的概念也发生了变化。在当下这个以金融脆弱性为特征的新时代，一种安全资产所需要的已不仅仅只有相对稳定的价值。用金融市场的专业术语来说，就是安全性资产在本质上应拥有负的贝塔值，换而言之，资产应与总体市场呈负相关。或者用更简单的话说，当市场总体态势表现不佳、平均估值下行时，这种资产的价值将趋于上升，或保持足够的稳定性。反之，当市场总体估值上涨时，安全资产的价值会下跌。这是艰难时期所必须承担的风险。此外，当一种金融资产被视为安全资产时，其收益的波动性也会低于股票等其他资产。

今天，投资者非常看重安全资产，尤其是在面对金融危机等重大风险时依旧能维持价值稳定的资产，这是他们防范尾部风险（Tail Risk）[①] 的手段。在巨大的风险面前，极微小的概率就可能意味着巨大的损失。这种资产之所以能和低风险性联系到一起，是因为投资者为了得到稳定而甘愿接受低回报率。

事实上，到2016年，很多发达国家央行已实行了负的名义利率，包括丹麦、欧元区、日本、瑞典和瑞士。这通常意味着，至少短期政府债券的利率已变成负数，发行这些债券的政府实际上就是在向投资者收费。但在风雨飘摇的金融市场上，对安全性的担忧使这些投资者心甘情愿地缴纳这笔费用，因为将资产存放在政府债券中，能给他们带来安全感。

而这又引出了一个显而易见的问题：到底是怎样的特征或潜质，让一国或其货币被视为国际金融市场的安全“避风港”呢？或者说，让海外投资者以最低廉的成本，甚至是无偿把钱借给这个国家的政府呢？要回答这个问题，我们不妨回顾一下全球金融危机后的那段时间。

金融危机后，为什么美元依然受宠？

2008年，肇始于美国的那场金融危机动摇了世界经济，并引发一系列连锁反应，很多国家的经济至今仍未走出困境。进入危机后时代，美国经济率先复苏，留下欧元区和日本在低增长和通胀的双重压力中

① 尾部风险（Tail Risk）指不太可能发生但一旦发生则代价相当高的风险。——译者注

艰难跋涉。美国经济之所以有如此良好的表现，部分原因就在于美联储在短时间内向市场倾注了大量货币，为经济复苏注入强心剂。

此外，美国政府还采取了激进的财政政策。私人持有的联邦政府债券净值从 2007 年底的 4.4 万亿美元增加到 2016 年 2 月的 11.2 万亿美元。这个数字还不包括其他联邦政府部门购买的金额，如社保信托基金和美联储（从技术角度说，美联储不属于联邦政府）。如果算上所有需要由美国联邦政府偿付的债务，政府债务总额则达到了 19 万亿美元。这个数字已经略高于其年度 GDP 数值（2015 年为 18 万亿美元）。

那么，到底是谁购买了联邦政府发行的这些海量债券呢？实际上，自 2007 年以来，在美国发行的这些债券有超过一半（56%）被外国投资者收入囊中。截至 2016 年 2 月，外国投资者已持有价值约 6.2 万亿美元的美国国债，其中，由外国央行持有的部分约 4.1 万亿美元。也就是说，在 11.2 万亿美元“私人持有”的联邦政府债券中，外国投资者拥有 55%。

美国国债的一个突出特征就在于，只要包括美国本土在内的世界任何地方爆发危机，它们就会成为投资者趋之若鹜的紧俏“商品”。这样的例子随处可见。这似乎令人费解，因为它完全有悖于我们的正常逻辑。比如，在 2011 年 8 月，国际评级机构标准普尔将美国政府债券的信用等级从 AAA 下调至 AA+，并称其长期评级前景为“负面”。通常，这会导致投资者重新评估债券的风险等级，进而要求更高的收益率，从而造成政府债券的收益率大幅上涨（相当于债券价格下跌）。

此外，随着外国投资者抽出资金，并引发国内投资者资金外逃，该国的货币应出现贬值。可是实际上，一个月之后，10 年期国债收益率下跌 50 个基点（0.5%），但外国资本流入美国国债的净额大幅增长。另一种本应出现的通常结果——信用等级下调后应出现美元贬值的情况，同样未能显现。事实上，如果按交易额加权计算，美元在次月甚至出现升值。

2013年秋季，奥巴马总统与共和党控制的美国国会在预算上的分歧，曾令联邦政府一度停摆，并造成市场开始担心美国政府的部分债务会出现违约——即便只是暂时的技术性违约。

然而，从当年8月开始，尽管违约的风声持续发酵，但10年期国债的收益率几乎不变，丝毫看不出市场对技术性违约的恐慌。无论是在政府停摆之前、当中还是之后，美元对其他主要货币的汇率基本未发生任何变化。

其他“避风港”货币最近也有类似经历，只不过在程度上与美国略有差异。国内经济危机与政府债券收益率非相关的另一个典型示例，就是日本。2014年12月，评级机构穆迪将日本主权债务的信用等级从Aa3下调至A1。按照评级机构的标准，这已经是第五等级了。如果仅从字面上理解，这个等级意味着日本政府债券的违约风险已远高于中国，但此次等级下调几乎未对日本政府债券的收益率带来任何影响。2015年，考虑到日本的经济增长前景暗淡，而且政府缺乏切实采取改革措施以恢复增长的意愿。于是，惠誉和标普等评级机构纷纷下调日本国债的信用等级。即便如此，日本政府债券的收益率还是几乎未受到任何影响。

欧元区债务危机爆发，造成核心国（如德国）与边缘国（如希腊、意大利、爱尔兰、葡萄牙及西班牙）的政府债券收益率出现偏离。可实际上，边缘国家政府债券的收益率始终存在较大波动。换句话说，被认为相对安全的欧盟成员国也是“避风港”。

尽管尚未加入欧盟，但瑞士显然已经与欧洲金融体系融为一体，并成为欧洲大陆的传统金融“避风港”。因此，瑞士也是其他欧洲国家资金的主要流入国。欧元危机爆发，确实让欧元相对其他主要货币出现贬值，但瑞士法郎大幅升值。瑞士央行也曾采取措施，以避免本币升值，但由于其他欧洲国家资金大量涌入，瑞士央行只能接受现实。

欧元区的这些“避风港”国家与美国确有类似之处。然而，在美国金融体系濒临崩溃的情况下，依然有如此海量资金涌向美国国债，显示出美国与其他“避风港”国家的不同。或许有人会说，在全球金融危机的背景下，大举买入美国国债的原因在于美国金融市场的流动性和深度，而非寻求“避风港”。考虑到美国金融市场的深度，对美国国债的投资不仅有助于维持流动性，而且易于出手。因此，即便美元贬值的前景或将侵蚀投资者的本金，但是在动荡的全球金融市场上，持有美国国债仍是一种安全、稳健的选择。他们很清楚，至少他们可以毫不费力地抛出美债、收回资金。

实际上，多年以来，由外国投资者持有的美国国债始终维持在高位。即便在全球经济开始复苏时，也未见投资者有抛出美国国债的迹象。此外，对美元及其他“避风港”货币的需求也丝毫没有减弱之势。但不要忘记的是，有很多国家还在经济低迷中饱受煎熬。一方面，这些国家的政府债台高筑；另一方面，其央行为刺激经济增长还不遗余力地加印钞票。所有这一切都说明，对一个被视为“避风港”的国家及其货币，我们还需从多个角度去认识。

梦想总是要有：成为下一种“避风港”货币

那么，除发行国自身经济的发展水平外，“避风港”货币还有哪些特征呢？可以说，稳健而灵活的制度，远比单纯的经济实力更重要。比起依靠高收益，能够赢得外国投资者的信任，是他们与其他经济强大但制度不健全的经济体的最大不同。

对外国投资者来说，最理想的投资目的地，首先应该拥有能保护私人契约安排及私人产权的制度。毕竟，“避风港”货币的特征应依赖于投资者的行为，而不是抽象的理论标准。从这个角度出发，我们可以将其特征归结为开放的政府、独立的司法体系，以及值得信赖的公共制度。这些制度因素是赢得其他国家信任并拥有“避风港”货币的基础。公共制度的透明度，以及中立的媒体，同样有助于塑造这种信心。只有这样，才有利于及时解决暴露的问题和弊端，形成健康的自我纠正机制。

毫无疑问，一个国家会以多种方式影响其货币在国际金融中扮演的角色。在前面的几个章节，我们已经看到，长期以来，中国积极采取措施提升人民币的国际地位，甚至为人民币成为储备货币进行了经济结构调整。但仅仅从经济角度出发还不够，要让人民币取得“避风港”货币的地位，中国还需在诸多方面做出调整，以达到非经济层面的标准。

当保证金融资本的安全是外国投资者的首选目标时，中国显然不是他们最理想的栖息地。自 2014 年以来，随着中国经济增长步伐放缓，外资流入开始减少，而国内资本流出量迅速增加。当然，部分国内资本流出是出于资产多样化的需求，但非官方渠道的资本外流也日益增多。股票市场从 2015 年 6 月开始的熊市加剧了这一趋势，这与拥有“避风港”货币的国家形成鲜明对比。当拥有“避风港”货币的国家的股市及其他资本市场陷入低迷时，依旧会有海外资本大举买进其政府债券。毫无疑问，他们的头等诉求是资本的保值，而不是收益。

由此可见，要赢得国际投资者的信心，仅靠经济实力还不够。即使中国彻底放开资本账户，并建成高度发达的金融市场，也是一样。这种信心的获得，需要有广泛的制度基础。

“独立的”中央银行

“避风港”经济体的一个重要特征，就是其中央银行的独立性。当然，任何中央银行都不可能真正独立或者说绝对独立，它必须对其服务的公众和政府负责。在某些国家，尽管央行依法享有独立性，且央行的唯一目标就是抑制通货膨胀——这也是通胀目标制体系下的关键特征，但央行往往不能完全独立地制定通胀目标，与政府协商探讨是不可避免的程序。

然而，一旦中央银行的政策制定不再以整体经济利益为出发点，其合理性、合法性自然无从谈起。独立性的基本特征在于，中央银行不依附于政治家，因为后者可能会将经济增长置于稳定通胀率之上。显而易见，一旦通胀率失控，就会导致长期经济增长受损。另一个需要考虑的因素是，政府不应将银行当做印钞机，以弥补财政赤字。这不仅会侵蚀本币的价值，还会引发货币贬值和通胀率的螺旋式上升。在很多新兴市场国家，中央银行往往会成为政府的牺牲品，代价就是长久的高通胀率。

中央银行还应有一个更重要的特征，那就是运行的独立性。即使央行不能选择自己的目标——譬如是否应将抵制通胀率或维持汇率稳定作为首要任务，但它必须拥有独立实施货币政策以实现这些目标的自由。

这些特征是赋予国内外投资者信心的基础。只有具备这些特征，他们才会相信，中央银行会维护其货币的价值。在美国、欧盟、日本、英国及瑞士等主要储备货币发行国，其央行均享有法律上的独立性，这当然包括执行货币政策等方面的独立。这些央行可以独立运用各种政策工具实现其目标，譬如利率，以及制订商业银行在央行缴纳准备金的比例等。

自金融危机爆发以来，很多央行都采取了激进的手段，包括直接购买政府债券及股票等其他金融资产，以期影响市场利率及资产价格走势。但这背后的关键在于，这些央行采取的非常规措施是出于自身判断，而不是为了弥补政府的预算赤字。这种经营上的独立对维护金融稳定、保证投资者对币值稳定的信心至关重要。[①]

① 上述观点明显失允，任何央行采取非常规措施的终极目标都不可能与政治和政府无关。——译者注

作为中国的央行，中国人民银行与中央政府的关系尤为密切。在1948年成立以后的35年里，中国人民银行始终隶属于财政部。1983年，国务院正式指定中国人民银行为中央银行。但直到1995年，全国人民代表大会才通过立法确立了中国人民银行的中央银行地位。1995年3月，第八届全国人民代表大会通过了《中华人民共和国中国人民银行法》。该法赋予中国人民银行和财政部相同的行政级别，为央行独立决策、扩大对高层领导和政策制定者的影响创造了条件。

实际上，中国人民银行已在某些方面做到了独立于政府，如2003年修订后的中国人民银行法规定："中国人民银行在国务院领导下依法独立执行货币政策，履行职责，开展业务，不受地方政府、各级政府部门、社会团体和个人的干涉。"这样的规定在导向上显然是积极的，它表明，中国人民银行原则上不承受为政府预算赤字提供资金的压力。而这恰恰是人们对新兴市场经济体在财政上缺乏自律性的最大担忧。

然而，要把这个理想化的特征付诸实践，显然并非易事，至少在现阶段，中国人民银行距离拥有真正的独立性还有很长距离。反映到实践中，意味着中国人民银行的利率政策和汇率政策还需征得国务院批准。此外，国务院还负责制定货币和信贷总额增长目标。中国人民银行在运行上尚缺乏完全的独立性——譬如实施某种政策调整的具体时间。但从广义上说，中国人民银行的独立性已有所体现。

真实图景复杂难辨。中国政府长期对人民币汇率实行严格的管理政策，但凭借对货币政策灵活而巧妙的管理，中国人民银行已获得相当程度的信誉和独立性。在管理通货膨胀方面的良好业绩，以及央行人士的专业性和管理技巧，不仅给中国人民银行带来了信誉，也为他们赢得了政府高层的信任。善于雄辩的周小川行长及易纲副行长，早已对国际货币领域驾轻就熟。但是在决策透明度和政策沟通方面的表现，则让中国人民银行很难得到更多掌声。

尽管良好的业绩及其高层官员在国内外赢得的尊重确为事实，但是中国人民银行在运行独立性及法定独立性上的不足，表明中国人民银行尚不满足央行的独立性特征。而对中国人民银行丧失有效运营能力并受制于政府的担忧，很可能会导致海外投资者难以将人民币当做“避风港”货币。

按重放生命录像的解释，布尔吉斯动物群的重建会给这种看待生命的不同观点提供强有力的支持：录像带每一次重放，都会让进化走上一条完全不同于现有路径的道路……路径的多样性足以表明，最终结果在最初是不可预测的。每一步进化都是有原因的，但最终结果在开始时都是不确定的，而且每个结果都不会以同一种方式再现，因为任何路径都要经历无数个不确定的阶段。前期已经发生的任何一个事件出现变化，哪怕只是在当时看来无关紧要的细微改变，都有可能将进化引上一条截然不同的道路。

——《奇妙的生命》（*Wonderful Life*）

斯蒂芬·杰·古尔德（Stephen Jay Gould）

第 8 章

成大事必经风雨

变革的阵痛

在西方媒体的报道中，中国经济即将陷入泥潭的末世传闻比比皆是。一个不采取市场原则的经济体，在如此长时间里持续保持高速的增长，在人类历史上是前所未有的。中国的经济增长进程有悖于传统理论：完善的金融体系和法律制度等因素是可持续增长的必要前提。因此，有人将中国经济看成一个禁不起风吹草动的纸牌屋。尽管中国一直在不断强大，但这种说法或许会让外部人聊以慰藉。

中国的增长模式确实带来很多风险，这些风险也确实曾让历史上的很多国家遭遇噩梦。在过去15年里，中国的增长动力在很大程度上源于大规模投资，但这些投资大多缺乏效率。随之而来的是债务的积累，资源配置效率低下的银行体系是支撑债务膨胀的后盾。在解释这种强劲增长时，这种以GDP为核心的增长模式的低效与高成本已不容忽视，但更重要的，还有它带来的环境恶化和资源浪费。

评价中国的增长前景或是发生重大危机的可能性并非作者写本书的目的所在，但要讨论人民币的前景，这些问题无法回避。毕竟，如果一个国家的金融体系不稳定，就无法赢得国内外投资者的信任。

中国经济面对着多种风险。第一种风险来自资本账户开放及资本大量外流的可能性，这不仅会危及金融体系的稳定性，也会殃及整个经济；第二种风险仅针对于中国的金融体系，包括银行系统的稳定性、股票市场的剧烈震荡，以及庞大的影子银行体系。每一种风险都可能危及人民币的崛起，或者至少会延缓其崛起的速度。

这些风险并不是孤立存在，它们之间的相互依存和相互影响会带来连锁反应，甚至诱发恶性循环，进而带来更大的不确定性。比如说，经济增长速度的放缓会加大企业破产风险，进而加剧银行体系的不良资产问题。反过来，这又会引发更严重的资本外流。此外，中国还要面对从计划经济向市场经济转型过程中的诸多困难和风险。实际上，中国为提升人民币国际地位而采取的很多改革措施，也给中国经济带来了风险。

开放资本账户的罪与罚

允许金融资本自由流动，始终是中国改善人民币国际地位的规划的重要一环。毫无疑问，让人民币获得全球认同和获得由此带来的特权，一直是中国政府的重要考量。但有一个关键问题尚未得到回答：在国内经济面临诸多挑战时，中国政府为什么还要如此高调地关注开放资本账户呢？毕竟，中国还需进一步强化金融体系，推动国有企业改革，并积极应对人口老龄化问题。甚至很多接受过西方教育的改革派经济学家也认为，资本账户开放的结果很可能是弊大于利。

林毅夫教授毕业于芝加哥大学，是中国知名的经济学家，也是第一位来自新兴市场国家的世界银行首席经济学家。在 2013 年的“中国金融四十人论坛”双周圆桌内部研讨会的主题演讲中，林毅夫就曾阐述他反对开放资本账户的理由：“发展中国家本身在金融结构上就是扭曲的，既然金融深化的程度不可能像发达国家那么高，如果采用那样的结构，大量资金流进、流出会给经济造成过度的波动，发生危机的可能性会相当高。”而且，他深知中国人民银行的处境，并指出：

> 对于资本账户开放的问题，央行处于相当尴尬的地位。美国是国际游戏规则的制定者，国际货币基金组织跟着美国的论调唱和；美元又是主要储备货币，而且美国有巨大的国际资本流动，如果中国不开放资本账户，中国人民银行是首当其冲的。

随后，他对主张中国应进一步提高资本账户开放度的学者提出质疑："我们不能盲目照搬和追随西方的现成理论。比如，美国金融学界提出的新理论缺乏结构的概念，对发展中国家而言也同样不适用。"

另一位知名学者、改革派经济学家余永定很早就曾指出，中国应采用自由浮动的汇率制度。但是在开放资本账户问题上，他的态度甚至更为慎重。在发表于2013年的一篇文章中，余永定这样写道："在中国金融系统太脆弱以至于无法抵御外部冲击，而在全球经济陷入动荡的情况下，中国人民银行要想冒险借助资本账户快速自由化的能力，来催生一个更健康更健全的金融系统，将是很不明智的选择。"在他看来，如果没有浮动汇率制、更为健全的金融体系，以及产权制度的改革，开放资本账户只会带来更大的风险。对此，他的观点是："决策者应小心谨慎地追求金融自由化，考虑到中国宏大的改革历程，可以等一等再进一步开放资本账户；鉴于自由化的利益模糊并风险巨大，更应当戒骄戒躁。"

顺序的重要性

剖析这个问题的另一种方法，就是考虑中国如何确定开放资本账户及其他政策调整的次序，以及这将如何影响开放资本账户的利弊。这一点对中国的经济增长和金融稳定意义重大，并将进而影响人民币的国际地位。

在这个问题上，很多新兴市场国家都曾有过切肤之痛。毋庸置疑，在金融体系不完善、利率尚未市场化的情况下，贸然开放资本账户无异于冒险。在实行固定利率或是严格管理的名义利率时，由于汇率无法发挥缓冲器作用，政府因而难以应对资本流动的波动。当中央银行维持某个水平的汇率时，一旦出现资本的大规模流入或流出，就有可能造成国际收支严重失衡。同样，金融体系不完善或是监管不力也会带来经济风险，因为在这种情况下，外国的资本流入可能被配置到效率低下的项目，在加大外汇压力的同时，对长期增长和生产率造成不利影响。

在未来实施改革的顺序上，中国没有采纳学术界观点，而是将大力推进资本账户开放置于金融体系改革和提高汇率弹性之上。那么，中国是否能够应对摆脱传统改革模式带来的风险呢？

通过分析对外资产负债表（即国际投资头寸）可以看出，进一步开放资本账户给中国带来的直接风险很有限。如第 3 章所述，在中国的对外负债中，FDI 和股票投资合计占 75%。这种债务结构远比单一结构的对外负债更安全，尤其是以外汇为主的对外负债——在过去 10 年，这种情况让很多新兴市场经济体尝尽苦头。对于 FDI 和有价证券投资，外国投资者不仅要面对资本风险，还要承受货币风险——这意味着，一旦投资业绩不佳，或是投资者所在国的货币出现贬值，他们就要遭殃。与此相反，如果对外负债是以外汇为主，不管国内经济好坏，他们都要按面值偿还债务并支付利息。

开放资本账户的另一种风险是，它往往会刺激一国对外过度举债。以外币计价的短期负债始终是新兴市场国家的痛楚，也是造成 20 世纪八九十年代拉美及亚洲经济剧烈震荡的罪魁祸首。一旦外资流入减少，如此巨大的外债就会使债务国陷入危机。此时，债务国无法对外债展期，而本币贬值则推高了以本币计价的债务的价值，加大了债务国的偿债负担。

中国以外币计价的外债一直维持在较低水平，2015 年年底，此类外债约为 7 600 亿美元，相当于 GDP 的 6%。在所有主要新兴市场国家（以人民币计价的外债总额为1.4万亿美元）中，中国的这个比例是最低的。2016年5月，中国持有的外汇储备余额为3.2万亿美元，这足以偿还其全部外债，甚至其在2015年年底的对外资产净额（1.6万亿美元）也足以偿还其对外负债。总之，尽管在汇率弹性提高之前开放资本账户不可避免地会带来风险，但中国对这种风险并不敏感。

除此之外，中国政府针对开放资本账户采取的方法，也有利于其对资本流动进行一定程度的控制。按QDII政策，政府可随时调整给国内相关金融机构分配的投资额度，从而对资本流出的时间和方式进行控制。同样，QFII与自由贸易区、内地香港基金互认，以及“沪港通”等政策配合，为双向资本流动创造了条件，同时也对资本账户的开放程度形成了一定的控制。这些政策使得政府可以控制双向资本流动的数额甚至结构。

但是在实践中，这种渐进策略存在明显的局限性。以渐进方式开放资本账户的同时提高汇率弹性，极有可能带来矛盾，造成资本流动失稳。

资本外流

尽管中国经济在金融危机后依旧保持快速增长，并成为全球增长的强劲动力，但2012年新旧两届政府的交替还是引发了人们对资本外逃的顾虑。实际上，资本流出的增加始终与中国政府对流出管制的措施保持同步。越来越多的中国企业开始到国外寻求投资机会，而金融市场的发展也为家庭通过海外投资进行资产多样化配置提供了机会，私人领域的资本流出很有可能会继续增长。

然而，2015年的资本流出规模表明，人们对经济和金融市场形势的判断已发生变化。在不放松汇率管制的情况下，一旦投机力量开始积蓄，就会导致某个方向上的资本流动过度增长。

比如说，在中国人民银行于2015年8月11日宣布新的汇率改革政策之后（实行更具市场性的汇率制度），人民币对美元汇率的下行压力骤然剧增。此次汇改过后，中国人民币对美元汇率随即下调近两个百分点。金融市场参与者将此举解读为中国政府已开始担忧经济形势，再加上 2015 年 7 月以来内地股票市场的大熊市，导致资本大量外逃。

此外，随着人民币贬值预期的持续发酵，很多企业担心以外币计价的外债将大幅增值，于是纷纷开始偿还以外币举借的债务。2015 年，以外币借入的外债总额减少了约 1 400 亿美元。在对外收支平衡表上，偿还外债就对应着资本流出。

为避免人民币大幅贬值，中国人民银行开始干预外汇市场，而这又导致外汇储备大幅减少。中国的外汇储备在 2014 年 6 月接近 4 万亿美元大关，达到了 3.99 万亿美元。随后，中国开始大举干预外汇市场，到 2016 年 2 月，外汇储备余额已降低至 3.2 万亿美元，比一年半之前整整减少了 20%。

如第 3 章所述，人民币贬值也是外汇储备减少的部分原因。由于外汇储备余额以美元计价，因此，当欧元和日元等货币对美元出现贬值时，就意味着以这些货币计价的储备遭遇贬值。不过，中国从未公布其外汇储备的币种结构。因此，我们只能根据中国外汇储备的某个假设结构，去评估货币估值效应的影响。此外，我们还需评估外汇储备组合的市值。如果外国债券和股票的市场价格发生变化，那么，即使组合中的这项资产未发生任何交易，其价值也会随资产市价的变化而变化，但中国人民银行从不公布其外汇储备组合中的资产构成。

针对估值效应对中国外汇储备组合的影响，官方数据与私人分析的结果不同。但不管是哪一方，有一点似乎很清楚：中国在 2015 年和 2016 年年初减少的外汇储备，至多只有 1/3 是因为估值效应。可见，这一时期出现的资本外流，迫使中国人民银行为维持人民币对外价值稳定而消耗其储备。

很多新兴市场国家在外汇储备快速损耗之后，都曾遭遇国际收支危机。如前所述，按传统指标衡量，中国的外汇储备余额依旧保持高位。比如说，中国的外汇储备存量相当于外债的若干倍，足以应付一年半的进口需求。但是和中国的银行存款相比，其外汇储备总额并不算多。如果中国的家庭和企业继续大规模提取存款并向海外转移，外汇储备恐怕仅能满足其中15%的需求。当然，这是一种极端情形。为此，IMF在考虑潜在资本流波动的前提下，以综合指标计算一国的储备充足性。根据该指标，中国在2014年的储备水平相当于适当充足率的1.5倍。尽管此后持续下降，但中国的储备水平依旧远远高于该指标。

不过，如果进一步放开资本账户，资产多样化的需求必定会促使私人及企业从银行抽走部分存款。还有其他原因也会造成存款减少，比如对银行系统稳定性的担忧。当诸多原因共同导致银行存款大量流失时，必然会伤及银行，进而波及整个国内金融体系。但实际情况还是令人欣慰，即便是在出现大量资本流出的情况下，中国的银行存款在2015年依旧增长了13%。换句话说，迄今为止，资本外流似乎并未给银行体系构成威胁。

资本外逃的渠道

作为资本流出的一种形式，通过非法或合法渠道进行的资本外逃更令人担忧。资本外流的动机在于寻求资产多元化，或是追求其他国家的高利率等宏观经济因素，但资本外逃完全不同于传统意义上的资本外流。尽管这些因素难以厘清，但两类资本外流的相关性并不难理解——无论是经济增长放缓还是腐败现象滋生，都增加了人们对资本外流加剧的担忧，进而危及金融的稳定性。

非法资本流动对金融稳定性的影响尤其大，因为这些资本避开了受政府管控的传统流动渠道。仅从定义上看，政府根本就无法精确衡量这部分资本流，通常是以官方数据为基础的近似指标体现在国际收支表中的“净误差和遗漏”（NEOs）项下。作为保证国际收支核算平衡而设置的平衡项目，它是因资料不完整、统计时间和计价标准不一致，以及货币换算等因素所造成的差错和遗漏。而实际上，形成该项目的一个重要因素就是未记录在资本账户和经常账户的交易。

国际收支平衡表包含了商品服务贸易（计入经常账户）和跨境资本流动（计入资本账户）形成的资金流动。在理论上，两个项目的总和应为零。如果一国对商品及服务的进口总额超过其出口总额，经常账户就会出现赤字。为弥补资金缺口，它就必须向其他国家进行融资，资本账户就会出现盈余。尽管资本账户盈余这个词听起来很悦耳，但它实际意味着这个国家需要向其他国家借钱。反之，经常账户顺差需由资本账户赤字予以平衡，即资本由该国流出到其他国家。

如果资本账户和经常账户的总和不为零，那么，可借由外汇储备的变化对两个账户的余额进行平衡。在 21 世纪最初的几年时间里，中国出现了资本账户与经常账户双顺差。换句话说，中国不仅保持着正的贸易余额（出口与进口额之差），还出现了正的海外资本流入净额（资本流入大于流出）。这两个正的余额总和构成中国的外汇储备，也就是合法的资本流出，因为它们相当于中国人民银行购买的外国资产。

在某些情况下，经常账户和资本账户余额的总和未必等于官方外汇储备的增减额。为保证国际收支余额为零，将两个账户的合计余额与储备增减之间的差额计入“净误差和遗漏”。此外，计量不精确或是数据收集及统计过程不完善等因素也会导致整个差额加大。

不过，如果“净误差和遗漏”长期维持较大余额，就有可能是刻意虚报的贸易和金融交易，或非法资本外逃形成的。对非法资本流动而言，正的“净误差和遗漏”表示以非正式方法进入一国的资金。相应的，负“净误差和遗漏”是通过非正式渠道流出一国的资金。在 21 世纪第一个 10 年的前半段，人民币升值预期促使外国投资者积极买进人民币资产，使得中国的“净误差和遗漏”项维持正值。但自 2009 年以来，该项目持续为负（图 8.1）。整个 2014 年，资本外流的总额达到

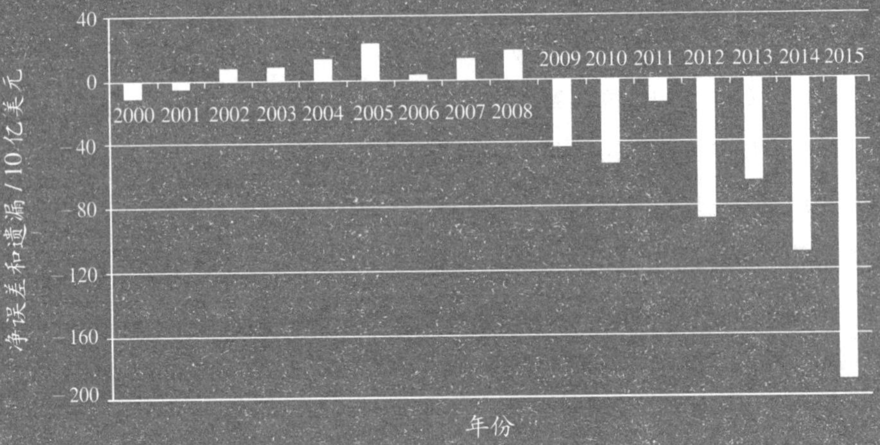

资料来源：国家外汇管理局。

图 8.1
净误差和遗漏项（单位：10 亿美元）

1 080 亿美元，并在 2015 年增加到 1 880 亿美元。如此巨大的“净误差和遗漏”负值，表明非法资本外流的现象已非常严重。

我们有必要理解中国为什么会有如此庞大的“净误差和遗漏”余额，并找出非官方资本外流借的渠道。这个现象也从另一个角度给我们以提示：尽管诸多控制措施和行政监管依旧存在，但中国的资本账户实际上已具备相当高的开放程度。此外，它也折射出金融市场参与者对中国经济未来走势的预期。

进出口贸易伪报（Trade Misinvoicing）。这是一种有组织逃避资本管制的传统手段，其手法非常简单。不妨用一个假设的例子来说明这个过程：

> 一名中国进口商计划向马来西亚出口商购买价值 500 万美元的计算机芯片。双方约定，出口商向进口商开具比实际交易金额更高的发票，譬如说 600 万美元。随后，进口商就有合法理由向指定银行多兑换 100 万美元，并存入其海外账户。等到人民币贬值时，进口商就可以用额外获取的这 100 万美元兑换人民币，因为一旦人民币贬值，这 100 万美元就可以换回更多的人民币。为取得出口商的配合，进口商可能要向提供虚假发票的国外出口商给予一定的补偿。
>
> 这笔交易的双方皆大欢喜，唯独难为了中国政府的统计人员。由于数据来自另一个政府机构——负责国家贸易监管的中国海关，这就让统计部门对进口计算机芯片价值的数据（假设海关获取的芯片价值数据准确无误）与相关交易资金流的偏离无所适从。于是，这 100 万美元的差异流就被计入国际收支平衡表中的“净误差和遗漏”项。

在 21 世纪第一个 10 年的中期，人民币还面临着巨大的升值压力。

在这种情况下，中国遇到了相反的问题，即进口贸易价值被人为压低，出口贸易价值被人为抬高。就是说，中国出口商给外国进口商提供的发票金额要大于商品的实际交易价格。因此，我们不妨假设另一个例子：

> 美国进口商从中国购买价值500万美元的纺织品，但要求出口商提供面额与600万美元等值的人民币计价发票。这样，通过貌似合法的商品交易，外国进口商可以得到额外价值100万美元的人民币。他可以通过中间人将这笔钱存入在中国开立的银行账户，等到人民币对美元升值后，他就能额外赚到一笔汇差。另外，因为提供虚假加价发票是有风险的，因此，中国出口商也要在这笔交易的利润中分一杯羹。同样，这100万美元的差异流也会被计入国际收支平衡表中的“净误差和遗漏”项。

当然，如果进口商与出口商相互勾结，或是在中国香港和台湾有亲属，又或是公司在其他国家和地区设有子公司或分支机构，这种交易会更容易进行。与商品贸易相比，通过服务贸易进行贸易伪报更容易，因为无形商品的贸易往来与相应金融流之间本身就很难匹配。

不同于伪造进出口贸易发票的方式，直接使用金融衍生品，即可寻求货币升值或贬值带来的利润，这也是进出口贸易伪报在发达国家并没有成为严重问题的原因之一。在发达国家，不仅衍生品市场发达，有丰富的衍生品供投资者选择，而且对资本流动限制较少。这些金融衍生品可以对冲汇率交易风险，降低进出口贸易的货币风险，或是抑制纯粹的货币投机。

在中国，直到最近几年才出现官方批准设立的在岸外汇衍生品市场。针对人民币的货币期权离岸市场则发展缓慢。即便如此，在岸市场依旧会受到政府直接或间接的控制，毕竟，包括大型商业银行在内的很多市场参与者都属于国有企业。而且，由于中国银行等大型国有银行已在大陆以外的金融市场具备一定实力，政府可以通过它们对人民币衍生品交易实施一定的控制。也正是出于这个原因，在中国，进出口贸易伪报依旧是资本非法跨境流动的一个主要方式。

不可忽视的澳门赌场。洗钱和资本外逃往往是相互勾结的。长期以来，澳门赌博业一直是内地非法团体洗钱和外逃资本的主要通道。关于通过澳门赌场转移如官员贪腐、侵吞公私财产或其他非法活动所获赃款的传闻，坊间传言早已不绝于耳。赌场可用各种方法洗钱和为私人客户跨境转移资金，有的时候，洗钱甚至根本就无须将实际资金转移。来自澳门大学的乔治·戈丁霍（Jorge Gordinho）对相关交易进行了分类。

> 通过赌场进行的洗钱通常有两个目的。第一个目的是通过赌场转移资金，常见手段就是先买入赌场的筹码，而后以远低于购买筹码的金额下注或以相反赌注进行抵消，避免出现巨额损失。最后在赌场收银台赎回未下注的筹码。经过这个循环，就可以将来历不明的赃款洗清。第二个目的可能是为了将这些交易（购买筹码、下注及赎回筹码）人为分割，以防止因为金额过大而引发自动追踪，这种做法就是业内所说的“洗黑钱”。

此外，戈丁霍还提到赌场推手的合谋。这些掮客式的中间人专门负责协助不法分子通过澳门赌场洗钱。他提到：“赌场 VIP 玩的巴卡拉纸牌游戏（Baccarat），赌资的金额可能非常巨大。此外，很多情况无须将实际资金转移，只需在中国内地和澳门之间进行账务结算，就是说，内地账户贷方与澳门账户借方余额之差即构成最终转移的资金总额。这也是澳门赌博行业极其发达的原因之一。”

内地的监管机构很早就已经关注到这一现象，并积极采取措施打击这种利用澳门赌场非法转移资金的行为。2015 年年底，中国人民银行和澳门金融管理局联手，开展现场突击检查，并加强反洗钱监管方面的立法执法工作。

地下钱庄。国家外汇管理局还发现了另一种难以监测但已十分普遍的资本外逃渠道。这一渠道的载体就是从事跨境资金转移的非正规金融机构。这种资本外逃的操作模式是这样的：

> 地下钱庄按事先约定好的汇率，将外币汇入富人在海外离岸银行设立的账户。与此同时，这些富人将本币汇入地下钱庄在国内开立的匿名账户，其间未发生任何实际的资金跨境转移。之后再利用壳公司、虚假发票及其他金融工具进行资金结算。

为此，外汇管理局官员召开新闻发布会时指出：

> 中国人民银行联合公安部、最高人民法院、最高人民检察院、国家外汇管理局，在4月中旬至下旬，在全国范围开展打击利用离岸公司和地下钱庄转移赃款的专项行动，破获了一批重大地下钱庄案件，极大震慑了犯罪分子的气焰。

据报道，2015年，中国公安部破获一个涉案金额高达640亿美元的非法外汇交易网络。公安部官网上的信息显示，仅在2015年9月初，监管机构就发现了37个地下钱庄，涉案金额合计超过380亿美元。

为谋求软资产、硬资产而流出的资本

还有很多其他动机也会刺激资本以各种合法或非法途径，从中国流向美国及其他发达国家。购置海外不动产就是其一。在中国加大反腐力度的情况下，到加拿大、美国和英国等国寻求“避风港”或许是这种资本外流的重要因素。此外，在当下全球固定收益资产的收益率低下、股市剧烈震荡的大背景下，到海外购置房产，成为很多中国投资者通过硬资产调整资产组合、分散投资风险的重要手段。

根据美国房地产经纪人协会（National Association of Realtors）发布的报告，目前中国已成为住宅用房地产的最大海外买家。据估计，2014 年 3 月—2015 年 3 月的这 12 个月里，中国买家在美国购置的房地产价值总额约为 280 亿美元，较 2013 年同时期的 130 亿美元翻了一倍，相当于其他所有国家客户购买价值的两倍多。最近几年，中国内地买家流入香港等其他地区房地产的资金额波动很大，总额也极为巨大。

中国学生为到这些发达国家高等学府求学而支付的学费，也是促使资金流入美国及其他欧美国家的一个因素。据国际教育学会（Institute of International Education）估计，2014—2015 学年，约有 30.5 万中国留学生进入美国大学，也就是说，在美国大学登记注册的外国留学生中，约 31% 是中国人。中国政府并不禁止以教育为目的进行的资金转移，这也推动了其对英国等其他国家的资金流出。

第三类资本外流因获得永久签证而形成。某些国家以永久签证吸引那些拥有大额资金并可创造就业的投资者。比如，美国对投资总额不低于 50 万美元且至少创造 10 个以上就业岗位的外国投资者签发“EB-5”签证。此类签证可为外来移民取得在美国的永久居住权（“绿卡”）。美国法律规定，每年签发的“绿卡”总数不能超过 10 000 个，2014 年 8 月第一次达到此上限。在 2014 年取得美国政府签发“绿卡”的外国人中，近 90% 为中国公民，而在 2004 年，这个数字还只有 13%。这意味着，仅在 2014 年，就有 8 308 名中国公民取得“绿卡”。与 10 年前的人数相比，其增长幅度令人瞠目结舌。

当然，中国还不太可能爆发全面资本外逃危机，尤其考虑到低外债和高外汇储备这两个特征，让中国拥有了让其他国家难以企及的健康的资产负债表。不过，持续的非法资本外流及其对资本流出总体形势造成的负面影响，已令中国政府感到担心，也加剧了中国正面临的金融及宏观经济压力。这些压力让金融系统的稳定性岌岌可危，因而可以被视作俗话所说的“煤矿中的金丝雀”①。

暗流涌动：金融市场的潜在风险

鉴于国内金融市场对人民币国际地位的重要性，由此，哪怕只是出现对中国金融市场失稳的预期，也会对人民币在国际金融舞台上的表现带来重大影响。在中国，金融系统扮演着多重角色。它不仅是国内外储蓄转化为投资的媒介，还是重要的社会及财政政策工具。作为引领中国金融体系的主导力量，国有银行的重要职能之一就是为国家扶持的产业提供信贷支持。

直到最近，金融领域还维持着银行存款的利率上限，这意味着，一方面，家庭及企业存款只能得到较低的回报，根据通胀率调整之后的实际存款利率已接近于零，甚至低于零；另一方面，银行可以为国有企业、地方政府及其他借款人提供低利率贷款，让他们即使背负大量债务也无须承担很大的利息负担。这种利率机制作用的结果，就是从储蓄者到借款人的财富转移。由银行为国有企业提供廉价融资，再由国有企业向其职工提供廉价的住房、教育和医疗，银行就这样成为社会福利转移机制中的重要一环。

在经济快速增长的同时，收入增长和高储蓄率掩盖了金融系统的低效。随着经济增速放缓及资本账户开放度的提高，储蓄者有了摆脱国内银行储蓄、实现资产选择多样化的方法，这无疑让中国的金融体系面临巨大挑战。实际上，对正在考虑买入人民币计价资产的外国投资者来说，中国金融市场的波动性及其固有风险才是他们最大的顾忌。因此，我们有必要评估中国金融市场的潜在风险对其经济的深层影响。

① 人们发现金丝雀对瓦斯气体特别敏感。在进入煤矿的时候带上一只金丝雀，只要鸟儿不停地叫，就表明空气是安全的；如果鸟儿死了，就必须马上撤离。此处意为早期示警的工具。——译者注

债务高企

中国的总体债务高企已引发了强烈的危机感。哈佛大学的卡门·莱因哈特（Carmen Reinhart）和肯尼斯·罗格夫（Kenneth Rogoff）等知名学者早已对大量债务，尤其是公共债务的危险发出了警示。在他们出版的《这次不一样：800 年金融危机史》（*This Time is Different: Eight Centuries of Financial Folly*）一书中，两位学者揭示出过量债务不仅会阻碍经济增长，甚至会加剧危机爆发的可能性。

与其他主要储备货币发行国相比，中国的政府债务并不算高。据估算，2015 年中央政府的债务规模约为 GDP 的 17%，这个比例明显低于其他新兴市场国家，甚至是部分发达国家。以美国为例，联邦政府债务主要包括美联储及社保信托基金等美国政府机构的债务，其总量超过 GDP 的 100%。公开交易的美国联邦债券约为 GDP 的 74%。

尽管中央政府持有的债务规模较低，但这并不能反映中国的基本情况。长期以来，省级政府为规避（来自中央政府）不允许独立发行债券的限制而采取了捉迷藏的手法。他们设立壳公司（融资平台），再通过这些壳公司向银行或其他机构进行融资，而后将资金投入地方政府偏爱的项目上。IMF 曾计算过这些包含各类地方政府债务的放大型债务，其中就包括地方政府融资平台通过银行贷款、信托贷款及其他融资来源取得的预算外借款。按这一指标，2015 年中国的公共债务约占 GDP 的 60%，依旧低于主要发达国家的这一比例。

近几年，中国的一般性政府债务缺口一直维持较低水平，2015 年甚至还不到 GDP 的 3%。这似乎表明中国的公共财政状况非常健康。遗憾的是，数字远不像现实那般一片平和。譬如，IMF 的指标包含了地方政府卖地获得的融资，而中国官方发布的指标不包括这部分融资。按照 IMF 的定义，2015 年，中国的“扩大化财政赤字”约为 GDP 的 10%。

根据麦肯锡发布的报告，2014 年中国债务总额相当于 GDP 的

282%，其中包括政府债务（约占 GDP 的 55%，与 IMF 的估计相近）、金融机构债务（GDP 的 65%）、非金融机构债务（GDP 的 125%）及家庭负债（GDP 的 38%）。该报告还指出，美国在 2014 年的债务总额相当于 GDP 的 269%，其中占比最多的两项是政府债务（GDP 的 89%）和家庭债务（GDP 的 77%）。

2016 年第一季度，中国的企业债务水平大幅增长，占了 GDP 的近 150%。这个问题已非常严重，因为银行尚未收回的贷款主要流向了国有企业。在中国，很多国有企业收益颇丰，因为他们往往在某些领域拥有垄断地位，或是能获得充足的资源和土地供给，而且还能在资本市场上获得低成本的资金。他们最强大的隐形担保就是政府不会让他们破产。这些盈利企业根本就不需要依赖银行贷款，因为利润不仅足以满足他们的营运资金需求，还可以让他们大胆地投资。相比之下，经营不善的亏损国企就只能依赖银行贷款了。

廉价的资金来源，以及对强势增长可持续的预期，尤其是基础设施和房地产投资的增长，使得钢铁、铝材、水泥和玻璃等行业的国有企业在 21 世纪的前 15 年里持续扩大产能。考虑到投资增速目前已放缓，这些行业的产能过剩现象已无法更改。而这就预示着价格下跌（尤其是考虑到其他国家需求的大幅减少）、亏损加大，以及银行贷款违约将成为大概率事件。

不过，这种高负债会加大金融危机风险的说法似乎有夸大其词的嫌疑。有一种温和的观点认为，如果一个国家的储蓄达到其年 GDP 的一半，且主要依赖银行体系将储蓄转化为投资，那么，银行信贷和债务总量达到如此高的水平也就不足为奇。当然，也不能因此而掉以轻心，因为中国国有银行体系的资源配置效率尚不尽如人意。在评估危机爆发的概率时，一个不容忽视的因素就是中国的主要借款人和贷款人均为政府拥有，因此不太可能爆发因银行抽回贷款而引发的连锁性金融恐慌。

在其他国家，金融危机的引爆点通常为流动性不足——即便是流动性充足的公司也有可能出现短期性融资需求。但中国不存在这个问题，因为中国人民银行和商业银行能轻易创造出充裕的流动性维持企业正常运转，甚至是已陷入破产危机的企业，也能凭借银行贷款暂时维持生计。

就总体而言，政府资产负债表的健康并不会被居高不下的债务总量所掩盖。当然，如果企业负债过多，也有可能因财务负担过大而遭遇破产，或接受痛苦的重组。另外，政府拥有庞大的资产储备，包括外汇储备、对国有企业持有的股权，以及通过主权财富基金进行的海外投资。但最合乎情理的推断是，作为中国债务积累的始作俑者，银行体系很可能最终成为中国债务问题的埋单者。

银行体系

盈利丰厚的银行依旧是中国金融领域的主宰者。作为评估银行业资产质量的一个指标，不良资产率（NPAs）体现为有可能不能偿还的贷款占未收回贷款总额之比。2016 年年初，中国银行的平均不良资产率仅为 2%左右。无论以什么标准衡量，这样的比率都是非常健康的。考虑到中国银行业近年均向经济中注入了大量的信贷资金，这个数字的确令人惊叹。但它也会让人们低估问题的严重性，或者说，掩盖银行业的真实面目。

这种失真一定程度上来自于银行为评估各类贷款发生违约概率而使用的风险评估工具——它依赖的是经济高速增长时期的历史数据。由于中国经济增速明显放缓，对于很多以前发放给大型制造业企业、目前尚未收回的贷款，其回收的概率已经无法从这些历史数据得到体现。

此外，银行还可以借助另一种方式让不良资产出现在他们的资产负债表内：通过贷款的“永久化”让借款公司维持下去。也就是说，为那些经营不善，甚至已经严重亏损的公司发放新贷款，让他们借新还旧。

不过，随着贷款质量持续恶化和问题贷款存量的不断增加，尤其是经济增速放缓的情况下，这种拆东墙补西墙的手法自然也难以为继。如果加上尚未违约但已出现较高违约概率的“关注”类贷款，官方公布的2015年不良资产率已达到5%左右，较2014年年底足足增加了1个百分点。

而第三方分析机构（如法国巴黎银行、里昂证券和JP摩根）对中国不良资产率给出的估计值在6%～7%，小型银行的不良资产率甚至已高达25%左右。尽管被潜在坏账的阴云所笼罩，但中国的银行不会经历很多欧美银行在金融危机时期遭遇的灾难。部分原因就在于，中国的银行发放贷款的资金来自稳定性较高的存款，而不是负债。此外，发放贷款的商业银行需要向央行缴存17%左右的存款准备金。也就是说，他们必须将所吸纳存款中的17%上缴中央银行，作为保证贷款安全的准备金。实际上，只要将准备金比率下调1～2个百分点，银行就可以获得大量可供自由支配的资金，解决短期性资金短缺问题，不至于陷入流动性危机。

然而，即便能够避免银行业危机，如果贷款企业丧失流动性或遭遇破产，银行最终还是会承担巨大的贷款损失。归根到底，银行不仅要有能力为经济增长提供新增贷款，还要满足存款人的提款需求。因此，它们必须不断发掘新的资金来源。以前，政府曾采取两种措施解决这一问题：将不良资产打包注入资产管理公司，由资产管理公司专门负责处置这些不良贷款；向银行注入新的资本。但不管怎样组合这两种方法，最终承担损失的都是纳税人，只是形式不同而已。

即便考虑一种非常不利的情形——假设在银行体系发放的全部贷款中，违约比例高达20%，银行最终承受的实际损失也非常有限。首先，在不良贷款中，部分关注、次级及可疑类贷款至少可以部分回收；其次，监管机构要求银行至少为潜在不良贷款拨备1.5倍的损失准备金，防止贷款亏损导致资本金不足；最后，通过处置某些贷款的抵押资产，即便折价出售，至少也能弥补部分损失。

我们还可以做一个更不利的假设：在中国银行业的全部贷款中，有 1/5 变成不良贷款，那么，潜在损失将达到 GDP 的 10%～15%，并在几年后成为事实损失。不过，做出这个损失假设的前提在于贷款存量约为年 GDP 两倍这一事实。而且我们还假设，在进行前述调整之后，银行对补充资本的需求量不超过不良贷款存量的一半。

尽管这必定会引发一轮经济恐慌，但显然还算不上末日灾难。IMF 估计，即便假定出现一种较为严峻的形势（企业贷款的违约率为 15%），并对银行的资产负债表及未来处置抵押资产弥补损失的状态做保守估计，银行在贷款业务上的损失总额也不过 GDP 的 7%左右。尽管数字巨大，但还在可控范围之内。

中国经济要面对的一个更大的问题在于，金融体系尤其是银行是否会逐步减少政府干预，并进一步提高运营的市场化程度。最近几年，银行业的改革取得了很大的进步，政府放开了对银行存贷款利率的限制。这样，银行就可以依据市场状况自主确定其利率水平，并根据借款人的还款能力和风险等级，对各类贷款制定差异化利率。政府对银行存款的隐形担保已逐渐让位于显性的存款保险体系。原则上，即便是国有银行也要服从市场原则，因为存款人更有可能去关注其存款银行的财务状况。但是在实践中，银行尤其是大型国有银行还远未改变其传统思维和经营模式。

尽管银行业改革的进步有目共睹，但依照政府指令为国有企业提供贷款支持，以及银行体系被扭曲的激励机制，必将给银行业带来巨大的效率损失。与此同时，另一种威胁也在悄然逼近。

影子银行

影子银行是指在常规银行体系外，通过不受正式银行体系监管控制的实体和活动进行的信贷业务。如果仅从这个定义出发，银行也可以在传统存贷款业务之外开展影子银行业务。

为规避正规银行体系需要面对的诸多监管措施——如利率控制和对银行存款的储备金要求，中国的影子银行活动呈快速增长的态势。传统金融机构及银行产品（包括存贷两端的产品）已无法满足客户对金融媒介服务的需求，也是导致影子银行发展的重要因素。

尽管对影子银行的定义各不相同，但可归属于该范畴的信贷业务主要包括三大类：第一是委托贷款，即以非金融企业作为借款人和贷款人，银行为他们提供中介服务，但不承担任何信贷风险。第二是信托贷款，是由信托公司发放的贷款，这些信托公司本身无须接受银行监管，却拥有银行及基金管理行业的某些特征。第三是银行承兑汇票，这是一种由银行签发并承诺在特定时日无条件支付固定金额的票据，以开具汇票的第三方事先预存储在银行的款项为担保。随后，持票者可以用这些票据进行商业交易的支付。其他可纳入影子银行范畴的金融工具还包括 P2P 借贷、金融租赁，以及由典当行或其他非正式贷款人提供的信贷。

还有很多金融工具符合影子银行的定义，譬如理财产品。从根本上说，理财产品属于储蓄产品，但其提供的收益率远高于传统银行存款，而且可由银行直接提供。作为规避银行存款利率强制性上限的一种金融工具，理财产品正越来越受欢迎。

实际上，尽管这些产品有其固有风险，不过，考虑到政府也在策略性地鼓励居民接受这些产品，以便间接推动存量利率的市场化，其风险应该非常有限。大银行对放开存款利率的强烈抵制是预料之中的事情，它们不愿意在吸纳存款上面对来自小银行的竞争。因此，理财产品为政府对大银行说“不”找到了一个突破口。由于存款利率上限的存在，存款者更愿意将钱存入貌似更安全的大银行，而小银行就显得毫无吸引力了。理财产品不仅为小银行提供了一种与大银行竞争的手段，也为政府完全放开存款利率创造了一个过渡的阶段。

但随着存款利率限制逐渐被取消，理财产品规避利率上限的作用也趋于消失。不过，理财产品仍旧受到银行的青睐，因为作为一种融资工具，银行通过理财产品取得的资金无须接受监管机构对存款的约束。

按照上述 IMF 将影子银行解释为三个基本项目（委托贷款、信托贷款及银行承兑汇票）的相对保守定义，2015 年在中国由影子银行体系提供的信贷，或称“民间融资”规模约为 GDP 的 35%。如果采用更广义的概念，影子银行业务还可包括其他项目（个别情况下甚至可将企业债券市场也纳入这个范畴），就会导致对中国影子银行规模的估计出现大幅膨胀。按这个广义范畴衡量，中国的影子银行业务在最近几年的动态增速确实领跑全球主要国家，但其静态规模依旧不及很多发达国家。根据评级机构穆迪提供的广义数据，中国的影子银行业务的资产总额相当于 GDP 的 65%，美国的这一比例为 150%，按各国经济总量加权计算的全球平均比例约为 120%。

显而易见，包含银行贷款、企业债券融资及其他形式信贷（包括影子银行业务）的社会融资总额的概念，更有助于合理衡量一个经济体的总体信贷水平。社会融资总额以更宽泛的总量反映了中国的信贷增长状况。通过该指标可以看出，近年来，银行贷款在社会总体信贷中的重要性已有所下降。2015 年年底，中国的社会融资总额约为年度 GDP 的 200%，这个数字已明显高于国际通行标准。

影子银行业务的快速增长，引发了人们对金融稳定性的担忧，并促使政府开始对银行及非银行机构的影子银行业务实行更严格的监管。监管商业银行的表外业务会影响其整体风险水平，但不会在依照传统银行监管要求提交的报告中得到披露。中国政府也从未公开支持过信托公司及其他非银行金融机构，但这些机构的债务反而会带来更大的风险，原因不难理解，因为其债务或将成为政府的债务。在外界看来，它们拥有政府给予的隐形担保，其中任何一个机构的破产，都会影响到社会对整个金融体系的信心，迫使政府出手干预。但也正是有了这种隐形的担保，才使得这些信托公司和非银行机构在有限的监管下大肆扩张。

随着影子银行对金融稳定性的影响受到越来越多关注，2015 年，中国监管层开始将这一领域纳入监管范围，其关注的重点是理财产品。目前，监管机构要求商业银行建立独立的部门负责理财产品业务，以特殊会计制度核算理财业务，并向中国银行业监督委员会（CBRC）报告其理财业务的经营情况。

与此同时，针对信托公司的监管也趋于严格。目前，信托公司在因损失而导致资本金减少时，必须减少放贷量，并建立相应的危机管理机制，包括推迟高管激励薪酬的兑现时间、限制红利支付以及放弃部分业务等。监管措施还包括：信托公司还需按净资产余额的 1%认购保障基金，信托保障基金主要由信托业市场参与者共同筹集，用于化解和处置信托业风险；禁止商业银行为信托贷款承担信贷风险；禁止委托贷款投资于债券、期货、股票及其他金融衍生品。基于上述举措，中国的影子银行活动在 2015 年有所减少。

尽管影子银行业务被视为金融体系中的危险成分，但它也有可能在改善资源配置效率方面扮演有价值的角色。对于以中小企业为代表的大量民营企业来说，由于无法从传统银行获得融资，使得影子银行业务成为它们的主要融资渠道。因此，受到合理监管的影子银行业务不仅有可能弥补传统银行业务的空白，还有可能催生行业改革，提高整个行业的运行效率。

另外，影子银行业务缺乏足够的透明度和正规的安全保障机制，譬如存款保障机制的支持。缺乏严格监管的影子银行业务，加上人们对政府会提供隐形担保的错误观念，或将成为一种威胁很大的组合。然而，政府毕竟不愿看到这些信托公司及相关机构走入末路。因此，虽然政府极力消除市场参与者的这种错误观念，但收效甚微。以目前的形式和规模来看，影子银行还不足以对金融体系的稳定性构成威胁。不过，其风险也有可能转移到正规的银行业务体系，尤其是考虑到两个领域通过理财产品等业务已形成一定的关联性。

股票市场的波动

在过去 20 年的大部分时间里，中国的股市始终处于聚光灯之下。2014 年以来的翻转和震荡已让全球投资者目瞪口呆，2015 年中期以来中国股票指数的暴跌更是引起全球股市下挫（图 8.2）。以中国股市目前的规模，似乎还不足以掀起如此大的波澜。中国全部流通股的市场价值为 GDP 的一半左右，远低于大多数发达国家的水平。虽然有部分迟到的投资者甚至赌上了一生的积蓄，但对绝大多数中国家庭来说，其财富主体还是银行存款和房产，而不是股票投资。而在中国的股市大戏中，外国投资者扮演的角色更是可有可无，他们持有的中国股票占全部流通股市场价值总额的比例仅为 2%。

政府为平稳股市采取的其他手段也未能奏效。到 2015 年年底，证监会意识到，抑制中国股市的剧烈震荡已迫在眉睫。2016 年 1 月 1 日，证监会推出“熔断”机制，试图在主要股票指数由于投资者恐慌出现大跌时，为市场提供一个休整和冷却的机会。“熔断”机制参照的标准是沪深 300 指数（CSI 300）。该指数由中国证券指数有限公司发布，是一个在上海及深圳证券市场中选取 300 只 A 股作为样本编制而成的成分股指数，其地位基本相当于美国的标普 500（S&P 500）或是英国的英国富时 100 指数（FTSE 100）。“熔断”机制包括两个要素：首先，如果沪深 300 指数下跌幅度达到 5%，大盘将暂停交易 15 分钟；第二，如果沪深 300 指数下跌幅度达到 7%，大盘将在交易日剩余交易时间内完全停止交易。

其他国家股市也有采取“熔断”机制的案例，但它们通常为触发“熔断”设定更大的振荡幅度。以美国为例，如果标普 500 指数下跌 7%，大盘将在 15 分钟内暂停交易；跌幅达到 20% 才会触发收盘，当天交易

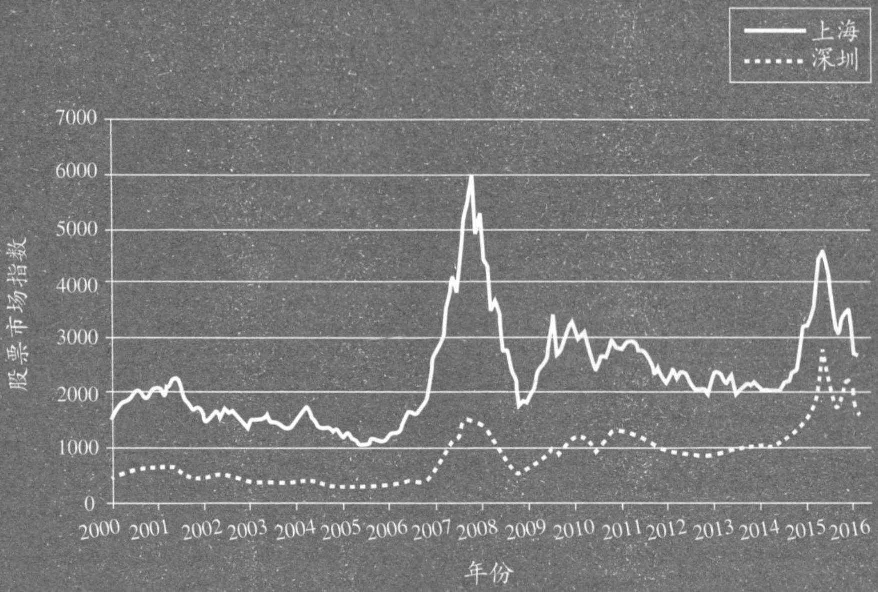

资料来源：上海证券交易所及深圳证券交易所。

注释：图中显示的是各月底数据。

图 8.2 上海与深圳股票市场指数

完全终止。在印度，只要某一主要股票指数（全国证券交易所或孟买证券交易所的指数）跌幅达到 10%，便可触发暂停交易，而触发当日收盘的跌幅是 20%。

即便是发达国家的股市也会引入“熔断”机制，其中一个原因就在于，当下的股票交易活动基本由计算机算法完成，而不是依赖人的判断和直觉。当计算机驱动的交易活动导致股价暴涨暴跌时，暂停交易可以避免价格出现快速地剧烈振荡。

这是因为，大多数交易算法采用的信息均来源于同一个市场，并设定相近的止损条件。因此，一只股票的价格下跌很有可能形成一波卖出压力。此时，即便价格下跌，短时间内也没有买家接盘，就会引发股价进一步下跌。

那么，中国市场对这种安全机制作何反应呢？首次测试于 2016 年 1 月 4 日进行，这也是新年第一个完整交易周的第一个交易日。在此前的几天里，有关中国经济状况的负面新闻已在坊间传开。这种负面消息在星期一当日的股市中已有所体现。到当日下午 1 时 13 分，沪深 300 指数已较开盘时下跌 5%，从而触发 15 分钟的暂停交易。在交易恢复后，很多投资者开始大举抛盘，导致股价进一步下挫，很快就触发第二档“熔断”线。即在交易恢复后的 7 分钟，沪深 300 指数的跌幅便达到 7%，导致当日股市收盘。

这一周的随后几天，整个股市弥漫着恐慌。2016 年 1 月 7 日，星期四上午 9 时 42 分，也就是在刚刚开盘的 12 分钟之后，股市便触发了第一档“熔断”线。恐慌加剧，交易恢复后仅仅在 2 分钟之后，股价即突破第二档熔断线，股市随之收盘。在随后两天里，“熔断”机制不仅未能给投资者带来丝毫的慰藉，反而引发了更加剧烈的恐慌性抛售。

毫无疑问，“熔断”机制平稳股市的作用最终适得其反，加剧了中国股市的波动。于是，证监会立即原路返回。在推出仅仅 1 周后，熔断机制便寿终正寝。时任证监会主席肖刚对证监会面对的挑战直言不讳。他指出:“这次股市异常波动充分反映了我国股市的不成熟，包括不成熟的交易者、不完备的交易制度、不完善的市场体系、不适应的监管制度等，也充分暴露了证监会监管有漏洞、监管不适应、监管不得力等问题。”6 个星期之后，肖刚辞职。

幸运的是，正因为中国信贷市场尚不发达，才没有为股票市场提供廉价的信贷支持。因此，在中国的金融体系中，尽管某些领域要受到股价波动的影响，但没有给整个体系带来系统风险并形成大规模恶性循环。简而言之，中国股市虽然有点桀骜不驯，但还不足以引发一场能动摇整个国家金融体系或经济的暴风骤雨。

事实上，尽管中国股票市场起伏不定，但人们对股票投资的热情依旧不减。根据新华社报道，2016 年 1 月，中国股市的投资者总数首次突破 1 000 万大关，其中，约 1/5 投资者属于每周至少进行一次交易的活跃型投资者。

当然，虽然有很多理由对中国的金融稳定性产生质疑，中国多年来采取的策略也确实带来了不良贷款等问题，但这些问题却被经济的高速增长所掩盖。如果不能彻底解决这些问题，当增长放缓时，或将使这些策略失去支撑，甚至难以为继。

归根到底，中国经济的增长潜力，以及政府对经济体制改革的把握，将直接影响到外国投资者对人民币的兴趣，以及人民币在国际金融领域被接受的程度。

2010年1月,《外交政策》(*Foreign Policy*)发表的一篇文章震惊四座。文中，1993 年诺贝尔经济学奖得主、芝加哥大学经济学教授罗伯特·福格尔（Robert Fogel）做出了一个大胆的预测：

> 中国的经济总量将在 2040 年达到 123 万亿美元……中国的人均收入将达到 8.5 万美元，这个数字相当于欧盟 2040 年预测

> 经济产值的两倍多，更是远高于日本和印度的预测……中国大城市平均居民人数将达到法国的两倍。到那时，在 2000 年还属于贫困国家的中国将成为超级富裕的国家。根据我的预测，虽然中国的人均收入还不会超过美国，但中国对全世界 GDP 总量的贡献率将在 30 年后达到 40%，超过美国和欧盟，而美国和欧盟 GDP 占全球的比重将分别降至 14%和 5%。中国似乎就是下一个经济超级大国。

福格尔认为，中国日渐完善的教育系统，强大活力逐渐凸显的农村地区，原本已非常强大并且还在快速增长的服务业，所有这些因素，都将有助于维持强劲的生产力增长，并在未来 30 年里缔造出年均 8% 的增长率。当然，有些人并不赞同福格尔的观点，还有很多学者认为他的预测过于乐观，但要让他们拿出足以说服人的证据，似乎不容易。毕竟，福格尔曾因率先将量化分析用于经济史研究，尤其是研究美国经济发展史而获得诺贝尔经济学奖。

但是到了 2016 年，福格尔对中国增长做出的宏伟预言似乎走入死胡同，而他提到的诸多增长要素也开始趋于弱化。即便是中国政府，似乎也开始接受维持 6%～7%年增长率的“新常态”经济思维。

在 2013 年之后，中国经济增速的放缓进一步加剧人们对增长前景的悲观情绪。对于这种观点，哈佛大学经济学家兰特·普里切特（Lant Pritchett）和劳伦斯·萨默斯（Lawrence Summers）的看法颇具代表性。基于对诸多国家历史增长模式的实证研究，他们提出，不能以历史去预测未来。相反，任何国家都无法逃脱“回归均值”的命运。

快速增长的国家迟早都要放慢前进的脚步，尤其是对那些基本制度尚不完善的国家，而中国将成为最典型的例子。顺着这个逻辑，他们的结论是：“中国从 1977 年到 2010 年的独特经历，已使其成为‘绝无仅有的特例’，而且很可能在人类历史中亦是如此。数据的确如此，中国在超过32年的时间里始终维持着超高速的增长（年均增长率超过6%）。”他们认为，未来最有可能出现的情景就是，中国的经济增长率有可能放缓至4%左右。

2015年3月，《彭博新闻》组织了一场以交换公开信形式进行的辩论，我和北京大学光华管理学院教授迈克尔·佩蒂斯（Michael Pettis）成了对手。佩蒂斯的观点是，中国要解决当前的债务问题，摆脱以信贷为支撑、投资驱动的增长模式，就必须将经济增速降至3%～4%。

对于债务膨胀引发的问题，我并不反对，但我认为，通过合理的改革措施，中国政府至少可以在未来2～3年内维持6%～7%的年均增长率。我的观点是基于现有若干因素基础上得出的。这些因素的存在，完全可以让中国在不进一步加剧债务问题的情况下，维持适当的增长率。

> 第一，尽管劳动力总量已不可能继续增长，但中国依旧拥有大量尚未充分利用的劳动力资源，这也是中国推行城镇化战略的重要动因之一。
>
> 第二，企业债券市场及其他金融市场的发展必将提高资本的配置效率。在投资需求还大量存在的情况下，这种发展将有益于经济增长。尽管投资水平维持高位，但中国的资本与劳动力之比仍然远低于发达国家（约为美国的1/6）。
>
> 第三，金融体系的完善同样将有利于改善资本配置，而且对服务业的资金倾斜，将创造的大量就业机会，远高于重型制造业。
>
> 第四，低水平的显性公共债务为中国利用财政政策鼓励居民消费、推动经济增长提供了巨大空间。

综上所述，我认为：“中国尚存在严重的资源错配问题。如果通过经济和金融领域的改革改善资源配置效率，中国完全有可能在积极实现增长转型的同时，实现政府制定的增长目标。”不过，中国能否规避债务问题带来的副作用，通过深化改革解决经济增长的桎梏，现在尚无法做出定论。未来的路还很长远，很多因素尚无法预料。

一个经久不衰的经典话题是，摩托车的哪一部分、沙堆中的哪一粒沙算得上是佛陀呢？很明显，这个问题本身就是错误的，因为佛无所不在。

——《禅与摩托车维修艺术》（*Zen and the Art of Motorcycle Maintenance*）

罗伯特·波西格（Robert M. Pirsig）

第 9 章

乘势而进

强国才有大货币

2015 年 10 月 5 日，来自亚洲、拉丁美洲和北美洲的太平洋沿岸国家最终签署《跨太平洋伙伴关系协定》（*Trans-Pacific Partnership*）（简称 TPP）。协议参与国的 GDP 总额约为 28 万亿美元，相当于全球 GDP 总额的 40%左右，并拥有全球贸易总额的 1/3，使得该协议成为过去 20 多年来全球最大的区域贸易协定。协议签字国包括澳大利亚、文莱、加拿大、智利、日本、马来西亚、墨西哥、新西兰、秘鲁、新加坡、美国和越南。然而，在这个名单中，我们唯独没有看到一个原本不应缺席的亚洲国家：中国。

协议的达成经历了马拉松式谈判，在 5 年多的漫长博弈之后，在美国亚特兰大召开的部长会议上，与会各国代表最终在药品、奶制品和汽车等关键问题上达成妥协并最终签署协议。协议签署后，美国总统奥巴马以胜利者的姿态宣称：

> 当 95%的潜在客户居住在我们的国境之外时，我们不能允许像中国这样的国家来制定全球经济规则。我们应该来制定这些规则，在为美国商品打开新市场的同时，设立保护工人和环境的高标准。今天在亚特兰大达成的这项协议，会让我们做到

> 这一点。来自 12 个参与《跨太平洋伙伴关系协定》国家的部长最终就这项体现美国价值观的协议达成一致，它将让我们的工人得到应得的公正待遇。

尽管将中国排斥到协议之外并非有意为之，但协议背后的潜台词不言而喻。面对中国在亚洲乃至全球经济和政治领域中的地位不断提高，该协议成为美国及其盟友对中国群起而攻之的武器。如果各成员国立法机构通过 TPP——目前还尚无保证，它将成为美国和日本以温和手段抗衡中国崛起而取得的最大成功，尽管这种抗衡在很大程度上仅具有象征意义。对这些大国而言，虽然 TPP 不会对经济带来游戏规则彻底改变的巨大效应，但至少能暂时延缓美国及日本影响力的衰退，并对中国在亚洲地区不断提升的影响力有所遏制。

为此，《华尔街日报》发表文章，对如何以该协议重塑亚洲地区权力架构的主流观点进行了总结：

> 在与中国的这场塑造全球贸易未来的“战斗”中，日本及美国的其他“盟友”取得了一场标志性胜利。由 12 个成员国（不包括中国）共同签署的这份《跨太平洋伙伴关系协定》，凸显北京因为迟迟未动而付出的代价，任由其他国家为 40%的全球贸易拟定一本新的“规则手册”……日本领导人认为，在中国在亚太地区（尤其是在东南亚）的影响力不断扩大的形势下，达成上述协定，对于日本的经济和安全目标来说至关重要。

在中国，对 TPP 的反应各不相同，有人冷眼旁观，也有人横眉冷对。作为颇有影响力的官方刊物，由中共中央党校主办的《学习时报》承认，在中国，有人将 TPP 看成是孤立和制衡中国全球战略的一个“阴谋”。但该报编辑建议，考虑到协议的广义目标与中国自身的经济体制改革进程是一致的，中国应谋求加入该协议。文章指出："TPP的规则与中国改革开放的总体方向是一致的。因此，中国应持续紧密关注《跨太平洋伙伴关系协定》，根据国内改革进展，适时选择加入，最大限度降低为加入付出的代价。"

在中国的高层领导中，同样存在着对TPP的不同认识。时任商务部部长对此表态称，他并不认为TPP的目标是针对中国，但中方将根据具体情况对可能出现的影响进行全面、系统的评估。北京的改革派领导则对TPP表现出积极态度，在他们看来，外部压力反而有助于克服国内的改革阻力。中国人民银行研究局首席经济学家马骏撰文称，中国或将得益于TPP在投资自由化、知识产权保护、劳工标准、环境保护、平等竞争、资本账户放开、放松管制等方面提出的"更高标准"。文章指出："这些改革的压力从总体上来说是有利于中国和其他TPP成员国提高竞争力的……（这些改革）将显著提升中国经济增长潜力。"

中国一向善于将外部压力化作推进国内改革的动力，2001年加入WTO就是一个例子。同样，加入TPP或许也会有助于缓解国有企业改革面对的阻力。TPP中的环境保护条款会促使中国淘汰污染性行业，减少碳排放，逐渐摆脱那些会破坏环境的生产技术。同样，TPP的另一个条款——知识产权保护条款，对中国同样非常重要，因为它有助于推动创新和产业结构升级，促进高附加值和高技术行业的发展，减少对传统制造业及重工业的依赖。

不过，反对的声音同样非常尖锐。中国人民银行的另一位经济学家认为，TPP会让中国丧失很多的贸易机会，并导致中国的年经济增长率降低一个百分点。针对这一预测，国家统计局新闻发言人盛来运称，中国会采取"反制"措施，消除不被纳入TPP给经济带来的副作用。

比如说，北京也在推动自己的贸易协定——《区域全面经济伙伴关系》(RCEP)。该协定涵盖约35亿人口，GDP总额将达23万亿美元，占全球总量的 1/3。其所涵盖的区域也将成为世界最大的自贸区。协议最初由东南亚国家联盟［Association of Southeast Asian Nations，ASEAN（东盟）］的 10 个国家发起，并邀请中国、日本、韩国、澳大利亚、新西兰及印度等六国参加，是旨在通过削减关税及非关税壁垒，建立 16 国统一市场的自由贸易协定。该协定得到中国的大力支持，并被视为与欧美抗衡的主要工具，但随着 TPP 协议的达成，RCEP 的吸引力已大不如前。

显而易见，中国会持续关注 TPP 协议的进程，因为它很可能会进一步强化美国的全球影响力，让中国在制定全球贸易规则的过程中趋于边缘化。美国官员曾声称，TPP 协议随时对中国及俄罗斯等其他国家敞开大门，前提是它们愿意接受 TPP 约定的规则。这样的声明显然不会给中国带来任何安慰。需要提醒的是，地区性贸易与全球贸易规则之间的分歧是不可消除的，对此，习近平主席曾在一次讲话中指出："我们必须鼓励平等参与、充分协商，最大程度增强自由贸易安排的开放性和包容性。"

在通过贸易提高经济影响力的同时，中国也开始意识到，国际金融将成为发挥地缘政治影响力的一个重要新战场。中国很清楚，在储备货币的地位上，人民币尚不具备成为全球竞争者的实力。因此，中国采取了一种补偿性战略，即利用金融实力增加其国际经济影响力。在此过程中，搭载人民币乘势而进。

不只有口号："中国式"援助

进入 21 世纪，随着金融实力和外汇储备的持续增长，中国开始利用资源拓展其经济和政治影响范围，为其他国家提供投资、经济援助及其他形式的支持。接受中国慷慨援助的国家既有其亚洲邻国，也有很多自然资源储量丰富的非洲及拉美国家，而这些资源恰恰是中国制造业赖以生存的原材料。

据美国企业学会（American Enterprise Institute）估计，在过去10年内，中国仅在南撒哈拉的非洲国家的投资就已达到2 200亿美元，对南部非洲国家的投资也达到1 200亿美元（相比之下，中国对美国的投资仅为600亿美元左右）。对那些被国际金融市场拒之门外的国家，中国在提供资金援助方面的确非常慷慨。中国向厄瓜多尔提供大量资金用于修建水坝、公路、桥梁和医院，其前任总统拉斐尔·科雷亚·德尔加多（Rafael Correa Delgado）将委内瑞拉社会主义政府视为榜样。与此同时，中国企业锁定了厄瓜多尔近90%的石油出口量。

在涉及政治事务时，中国始终坚持不干涉其他国家内政的对外原则。2015年12月，在中国外交部组织的一次例行记者会上，在被西方媒体记者问及，为什么非洲国家从中国的援助中受益有限，并且中国的援助也无助于改善该地区的民主和人权。对此，时任外交部发言人华春莹进行了驳斥，称中方对非的援助和投资“始终坚持不干涉他国内政，不附加任何政治条件，不提强人所难的要求，不开空头支票。”

随后，她还进一步补充道：“迄今，中国通过援助和融资支持，帮助非洲国家建设了5 675公里铁路、4 507公里公路、18座桥梁、12个港口、14座机场和航站楼、64座电站、76个体育设施和68所医院、200多所学校、23个农业技术示范中心。”一系列声明显示出，中国的对非援助旨在推动非洲的经济发展，不像西方的金融援助那样别有用心。事实也证明，非洲国家并不欢迎西方这样的援助。

在2015年12月的中非合作论坛约翰内斯堡峰会暨第六届部长级会议上，习近平主席在讲话中将中国与非洲的关系全面升级，称双方为“好朋友、好伙伴、好兄弟”。峰会结束后发布的会议公报更是将这一关系推上新高度，并总结为“一大升级、五大支柱和十大合作计划”。

“一大升级”就是将中非新型战略伙伴关系提升为全面战略合作伙伴关系，并夯实“五大支柱”：政治平等互信、经济合作共赢、文明交流互鉴、安全守望相助、国际事务中团结合作；“十大合作计划”体现在工业化、农业现代化、基础设施、金融、绿色发展、贸易和投资便利化、减贫惠民、公共卫生、人文交流、和平和安全等领域。

中国不只有热情洋溢的口号，更有实实在在的资金——以援助、贷款和投资等形式提供600亿美元发展基金。不仅如此，中国还免除了对贫困非洲国家提供的大笔贷款。最重要的是，中国对非洲的援助充满了人文气息。习近平主席宣布：中国将为非洲援建5所文化中心；为非洲提供数千个学历学位的教育名额和3万个政府奖学金名额；每年组织200名非洲学者访华和500名非洲青年研修；开设200个以妇女、儿童为扶持对象的“幸福生活”项目及专项计划；每年培训1 000名非洲新闻领域从业人员。这些援助均不涉及经济和政治问题。对此，习近平主席将中国的不干预政策提炼为一句话：“中国坚定支持非洲人以非洲方式解决非洲问题。”

中国在非洲的一系列举措并无直接提升人民币国际地位之意，而且中国政府也未曾强求这些国家使用人民币。然而，随着非洲地区国家与中国贸易和金融关系的日趋强化，它们自然有动力以人民币实现外汇储备资产多元化并将人民币用于贸易结算。

变革：重新定义全球战略

在过去10年里，中国不断加大对非洲及拉美国家的投资及援助力度，这种方式显然有助于加强中国与这些国家间的经济与政治纽带。然而，这种商业和人道主义模式似乎并未得到回报。也没有让中国在全球金融领域得到应有的认同和尊重，中国的对外投资及援助正在遭遇更大的阻力。从对外投资的另一个角度看，中国的外汇储备并没有给中国带来多大优势，反而受制于其他国家央行的政策选择。也就是说，作为中国人民银行储备资产中的一部分，外国政府债券的价值还要依赖于发行国。

经济关系本质的重置显然有助于中国实现其经济和地缘政治目标，并最终为人民币的普遍应用铺平道路。学习和务实是中国人的特点，他们善于根据环境的变化而调整战略。中国人正在以灵活多变的手段，以更智慧、更严谨的方式应对国际事务。

目前，中国正在以多种方式设定其全球战略。第一，循序渐进地提高其在国际机构中的影响力。即便是在没有直接利害关系的领域，中国至少也会谋求一个立足点，因为只有这样，中国才有可能从内部去改变游戏规则；第二，在关系到切身利益的领域，中国开始牵头创建多边机构，试图参与游戏规则的制定，并借此影响现有制度，使其向着有利于自己的方向调整；第三，与其他志同道合的国家建立伙伴关系，建立以加强双边互信和经济联系为宗旨的机构，让兼具合作伙伴和潜在对手特征的国家成为盟友，而非对手；第四，借助其他国家机构，诸如国有银行、国有企业和开发机构，提升中国在国际金融领域的势力范围。

中国身影无处不在?

在中国的全球战略中，第一要务就是提高对国际金融体制的影响力。在全球金融机构的鼻祖——国际货币基金组织，中国出资 420 亿美元，在全部 6 500 亿美元的资本金中，占据 6%的份额并取得相应比例的表决权。美国在 IMF 持有的表决权比例为 16%，日本与中国拥有相同的表决权，也是 6%。在另一个重要的国际金融机构世界银行，中国拥有的表决权比例为 5%，美国和日本分别为 16%和 7%。

在亚洲地区，最重要的国际金融机构当属亚洲开发银行［Asian Development Bank ，ADB（亚行）]，其资本金约为 1 500 亿美元。长期以来，日本和中国一直在为亚行的主导权而争夺不休。日本凭借

12.8%的表决权比例成为亚行的第一大股东，而美国持有的比例则接近于 12.8%。这是一种有意而为之的安排，美国的表决权比例之所以略低于日本，意在体现亚洲国家对该机构的领导地位。

中国凭借 5.5%的表决权，成为亚洲国家中的第二大股东，而印度的表决权为 5.4%，略低于中国。实际上，在这些国际机构中，这种体现在小数点后的表决权差异仅具有象征性意义而已。作为最大的出资者，日本享有任命亚行行长的特权。但是考虑到中国已超过日本成为世界第二大经济体，这种安排显然会招致中国的不满。

对于日本继续在现有国际机构中掌握更大投票权，中国显然不会视而不见。即便是在 IMF，虽然近期的一系列改革已大大提高了中国及其他新兴市场国家的表决权，但日本在形式上依旧保持领先，其表决权比例为 6.18%，而中国的表决权为 6.12%。

中国在这些重要国际金融机构中的地位正在不断改善，与此同时，在其他不为人关注的国际机构中，中国也在悄然崛起。比如说，中国还在非洲开发银行、加勒比开发银行及美洲开发银行中占据了一席之地。当然，中国在地域上不属于这些地区，而且对这些机构的直接出资也只有10亿美元左右。就总体而言，非洲与欧盟的贸易关系更为密切，但就单个国家而言，中国则是与非洲贸易额最大的国家。而对很多拉美国家来说，中国始终是他们最大的出口市场。因此，中国在这些地区性机构中的存在，为其提升在地区经济治理中的影响力创造了条件。

然而，为加入这些国际金融机构，中国到底在多大程度上愿意接受其现有条款，而不是谋求改变这些机构呢？以中国在 2001 年加入 WTO 为例。在经历了漫长而艰难的多轮谈判后，中国才最终接受成为 WTO 成员国所需达到的大多数标准。比如说，在取得海外出口市场更大参与度的同时，也要向外国公司及投资者开放本国市场。今天，中国已成为 WTO 的一个重要成员，因此，在国际贸易规则的制定和使用等方面，中国也自然拥有了更大的影响力。

我们还可以通过另一个更明显且更有趣的例子，来认识中国在加入现有国际机构时采取的态度和立场。

2016 年 1 月，中国出资 4 亿美元，成为欧洲复兴开发银行（EBRD）成员国，出资比例不足该行总资本金的 1%。欧洲复兴开发银行成立于 1991 年，总部设在英国伦敦。作为全球最重要的区域性开发金融机构之一，其最初设立的目的是帮助和支持中欧和东欧国家向市场经济转型。此后，EBRD 基于同样宗旨，将触角延伸到其他地区。目前，它已在中欧、中亚和地中海南部及东部地区为 30 多个国家提供贷款和投资。

中国是欧洲复兴开发银行的第 67 个成员国。但在加入 EBRD 之前有一个非常有趣的细节：中国愿意签署该机构的章程，而章程中有这样一个约定："作为开发银行的一项特殊规定，EBRD 对于其资助的国家有一个明确的政治要求，就是必须承诺并实践多党民主和政治多元化。"这倒不是原成员国为中国量身定做的条款。实际上，欧洲复兴开发银行《宪章》的第一节就已明确规定，其成员国必须"致力于维护多党民主、法治，尊重人权和市场经济的基本原则"。

此外，EBRD 还制定了一系列保证其正常运行的标准或价值观，而且第一条就再次谈及民主，并明确阐述了经济改革与政治改革之间的关系：

> 支持以强化民主为目的的改革，是 EBRD 章程中的一个重要层面……作为 EBRD 的一个基本原则，经济改革与政治改革必须同步进行。在参与地区转型的 20 多年实践中，该原则的重要性日益凸显：根据 EBRD 的转型指标，在一个地区，在经济改革中走在最前面的国家，通常也是打造民主制度方面的领跑者。

令人意外的是，尽管 EBRD 章程与中国的一些文件存在明显冲突，而且中国在该机构中的表决权几乎可以忽略不计，但其还是接受了

EBRD 章程。对这种现象的一种解释是，中国对民主的认识不同于西方国家。这一点在 2015 年 2 月新华网发表的一篇社论中体现得尤为明显。在这篇名为《我们为什么要对西方错误观点说不》的文章中，作者明确阐述了中国对人权、自由和民主等概念的认识，并指出，中国对这些观点的解释和西方国家的解释是不同的，而且站在各自立场上都是有道理的：

> 中国并不反对作为西方价值观核心的自由、民主、平等和人权思想。实际上，这些观点也体现在我们的宪法中。但是，中国对这些观点的认识可能不同于西方国家……
>
> 中国始终强调维护人权，这也是一个寻求善治国家的基本目标。但我们不认同西方国家人权天赋的观点。我们始终坚持，人权的概念必须依赖于客观环境，就像历史、传统，以及经济和社会发展一样。世界上并不存在普适的人权概念……全世界都珍惜自由，中国也不例外。但是在政治领域，建立在个人基础上的自由是西方政治思想的象征。但在中国的传统思维及马克思主义思想体系中，我们强调的是集体自由主义……
>
> 中国的人民代表大会制度强调民主集中制，就是通过对政府的支持和监督实现有效决策。它不同于多党制和西方式的“三权分立”原则……历史已经告诉我们，任何否定中国共产党领导和社会主义的思想，只会带来混乱和停滞不前。

另一种合理的解释是，在谋求加入现有国际机构时，中国愿意让自己显得更为理性、开放，成为一个信守承诺的国家。只有成为其中的一员，中国才有可能从内部对现有国际机构入手，以润物细无声的方式施加影响，而不是粗暴地动用政治或经济实力，直接从外部出手。

迄今为止，中国一直以美元、欧元和日元等硬通货对国际金融机构进行出资。考虑到 IMF 已指定人民币为官方储备货币之一，中国未来无疑会更多地以人民币出资。随着中国经济持续增长，以及在现有国际金融机构中的地位不断提高，人民币必将在这些机构的资本金构成及日常财务周转中扮演更重要的角色。

亚投行：无法拒绝的诱惑

尽管中国已陆续成为全球各主要多边机构的成员，但不可否认的是，在最重要的国际及地区性机构中，中国只能位居次席。这显然不是中国所愿意看到的。长期以来，中国一直试图扩大其在 IMF 的话语权，但屡屡遭到美国国会的阻挠。尽管在 2010 年包括美国在内的所有国家，都同意增加中国及其他新兴市场国家在 IMF 的投票权比例，但协议还需征得各国立法机构批准。

实际上，除美国之外，所有主要国家均已在 2014 年前批准该协议。但是在美国，这一事件却因奥巴马政府与共和党控制的国会相持不下而被一再拖延。直到 2016 年 1 月，也就是在双方打破僵局的一个月之后，调整表决权比例的协议才正式生效。

此时，即便是新设定的投票权比例，也已滞后于根据前几年 GDP 或其他经济变量确定的经济比重。并且，中国似乎已无可能在短时间内获得与其经济体量相匹配的投票权比例。实际上，即便是在区域内，中国也未能获得与其经济实力相称的地位。作为地区最重要的多边金融机构，亚行同样不是中国的天下。长期以来，中国始终未能撼动日本对亚行的主导地位。

因此，中国需要采取更积极的姿态，体现其在国际金融领域的地位。主动出击、出资建立一个全新的多边机构，或许是当下中国最可取的对策。中国领导人也已认识到，为亚洲基础设施建设提供资金，或许是让自己口袋的钱物尽其用的最好途径——毕竟，该地区国家筹建大型项目最缺少的就是资金。

对亚洲地区的其他国家来说，建立这样一个机构显然也合情合理，这个机构可以解决它们的燃眉之急，让它们获得基础设施项目最急需的资金。更重要的是，相比于其他国际机构，它们在该机构中会取得更大的话语权。这也是建立亚洲基础设施投资银行［Asian Infrastructure Investment Bank，AIIB（亚投行）］的初衷。为此，在 2013 年秋季的亚洲出访中，习近平主席和李克强总理均提到创建亚投行的倡议。亚投行的宗旨，就是为亚太地区的公路、铁路及机场等基础设施项目提供资金支持。

对于中国创建与现有多边机构相抗衡的机构，美国当然表现出极度的警惕性。随着提议时的 500 亿美元资本金最终增加到 1 000 亿美元，亚投行显然已成为亚行及世行不可小觑的竞争对手。后两个机构的主要业务是为开发项目提供贷款，其资本金合计约为 4 000 亿美元。

美国认为，在不可能阻止亚洲地区国家，尤其是欠发达小国加入亚投行的情况下，其最优策略就是削弱该机构的合法性，对这个由中国主导的机构提出种种质疑。比如说，中国在法律和制度上的不完善是否会体现在亚投行的治理和运营上。美国采取这种策略的一个关键要素，就是确保其发达国家盟友不会加入亚投行。

显然，尽管经常躲在幕后，但美国在质疑亚投行的合法性上，可谓不遗余力。媒体援引一位美国官员的话说，“筹建新机构怎么会创造价值呢？按照亚投行现有的结构设计，难道不是在用恶性竞争来降低标准吗？”一方面，美国急于拉住欧元区、日本和英国等主要发达国家；另一方面，还说服澳大利亚和韩国等其他发达国家不要加入亚投行。

但中国已经有了自己的秘密武器——金立群，一位在国际金融领域颇受尊重的中国官员（图 9.1）。金立群被誉为国际战略大师，他不仅能言善辩，从不闪烁其词，而且也是中国立场的坚定倡导者。此外，

资料来源：新华社。

图 9.1
亚洲基础设施投资银行行长金立群

金立群还曾长期就职于世界银行和亚洲开发银行等国际金融机构，处事果断，经验丰富，因而被中国政府任命为筹建亚投行的负责人。

随着中美外交对峙的白热化，金立群曾在一本书中这样写道："美国正在冒着被国际社会抛在后面的威胁，又在一步步陷入国内的政治泥潭……任何一个帝国都不可能永久地统治全世界，历史上从来就没有过这样的先例。"

尽管金立群一直在努力，但这场外交战争的胜利天平似乎偏向了美国一侧。2014 年 10 月 24 日，首批 21 个亚投行意向创始成员国财长和授权代表齐聚北京，共同签署筹建亚洲基础设施投资银行备忘录，其中绝大多数为亚洲国家。出席签字仪式的 21 个意向创始成员国包括孟加拉国、文莱、柬埔寨、中国、印度、哈萨克斯坦、科威特、老挝、马来西亚、蒙古国、缅甸、尼泊尔、阿曼、巴基斯坦、菲律宾、卡塔尔、新加坡、斯里兰卡、泰国、乌兹别克斯坦和越南。在这些国家中，除中国和印度以外，其他国家均不属于大国或是发达国家的范畴。一个月之后，也就是 2014 年 11 月，印度尼西亚签署加入亚投行的谅解备忘录。

创始成员国签署的最后期限定为 2015 年 12 月 31 日。至少在 2015 年 2 月之前，美国的阻挠策略还是起到了作用，主要发达国家均保持观望态度。

不过，进入 2015 年 3 月，形势急剧逆转。让美国政府出乎意料的是，仅在提前几天做出通知的情况下，英国政府便打破僵局。对英国来说，与中国保持良好的关系至关重要，因为只有这样，他们才可能在另一个问题上占得先机：说服北京将更多人民币业务投放在伦敦，而不是法兰克福或是某个国际金融中心。2015 年 3 月 12 日，英国正式申请加入亚投行，成为首个申请加入亚投行的主要西方国家。对于能成为第一个加入亚投行的欧盟国家，英国财政大臣乔治·奥斯本在讲话中流露出难以抑制的喜悦：

> 我很高兴在此宣布，英国今天决定成为加入亚投行创始成员国行列的首个主要西方国家。作为一项重要的长期经济计划，本届政府一直积极推动在亚太地区有更紧密的政治和经济参与，也积极打造英国与亚洲各经济体之间的联系，以期为我们的企业创造最好机会，在全球最高速增长的市场中运作与投资。

美国政府官员私下里早已怒不可遏，但在表面上也只能强作镇定。白宫在发表的一份声明中指出，这是“英国政府自己的决定。我们希望也预祝英国将以自己的力量为亚投行采取高标准而发声”。为发泄心中的不悦，美国也只能采取另一种方式，即对亚投行在治理等方面能否采取世界银行等现有多边机构的“高标准”而发出质疑。当然，还有环境保护和社会安全等问题更是不能不提。但是最后，在与最亲密国际盟友的一次外交场合中，一位美国官员终于按捺不住心中的怒火，厉声指责英国“我们对这种不断迁就中国的倾向非常担心，因为这绝不是同一个崛起中的强国打交道的最好方式”。对此，英国并没有直接回应，英国政府的一位发言人说：“总会有一天，我们也会以不同的方式（去对待美国）。我们认为，这符合英国的国家利益。”

事实上，英国只是即将倒下的多米诺骨牌中的第一张。同一个月，就在英国宣布加入亚投行的几天之后，法国、德国和意大利发表联合声明，称“三国希望加入亚投行意向创始成员国的行列，与国际合作伙伴密切合作，共同致力于创造一个在治理、贷款及公共工程等领域遵守最高标准的机构。声明还说，通过与现有的多边投资和开发银行合作，亚投行将在亚洲基础设施建设领域发挥重要作用，并为地区和世界经济社会发展做出贡献。

对盟友纷纷跳槽，已深感无力回天的美国开始转变立场，不再空洞无物地指责，而是就亚投行提出了一系列“高标准”。对此，一位美国政府官员如是说：

我们想对中国说的是，我们始终欢迎对基础设施的投资，但必须有确信无疑的证据表明，该银行从一开始就能以其他多边开发银行的高标准进行治理。每个国家政府都能独立决定，是在协议书尚未得到明确之前加入亚投行，还是等到银行投入运营后根据具体形势再做决定。

在对成为亚投行创始成员国的利弊进行权衡之后，美国的一个铁杆盟友（日本）认为，尽管与中国的经济联系非常密切，但在这种情况下屈服于北京或许并不符合其自身的最大利益。日本财务大臣麻生太郎声称，如果能保证亚投行具备提供贷款的可靠机制，包括对开发项目的环境及社会影响，日本可能会考虑加入由中国主导的亚洲基础设施投资银行。

当地媒体报道，日本首相安倍晋三曾指出，尽管欧洲盟友纷纷签署亚投行协议，但追随美国才是日本最重要的战略。媒体援引安倍在一次会议中的讲话称，“美国现在很清楚日本是值得信赖的”。

到 2015 年 4 月签署亚投行宪章时，已有来自亚洲、非洲、欧洲、拉丁美洲和大洋洲的 57 个国家在协议上签字成为创始成员国。鉴于加入亚投行的成员国数量众多，法定资本金也相应增加到 1 000 亿美元，其中，非亚洲国家缴纳的资本金总额为 250 亿美元。中国认缴资本金 300 亿美元，是所有成员国中出资最多的国家。在亚投行，中国在总表决权中拥有 26%的份额，印度拥有 7%，俄罗斯的表决权比例为 6%，排在第三位。为避免在最终裁定权上出现异议，亚投行总部设在北京。

截至 2015 年 9 月，习近平主席在访问华盛顿时，中美双方不再争论亚投行的问题，联合公报构思精巧、字斟句酌，表达了双方对一系列原则的共同认识，但对原则的描述略显模糊：

中美双方承诺强化多边开发融资体系并使其现代化。双方决心通过提高其资金能力、改革其治理和提升其有效性和效率，继续强化世界银行、亚洲开发银行、非洲发展银行、泛美开发银行。与发展阶段相适应，中方不仅将作为股东国和借款国，还有意愿有意义地在所有上述机构中提升作为捐款国的作用。双方认识到新机构及未来将成立的机构，要成为国际金融框架的重要贡献者，这些机构将像现有国际金融机构一样，与专业性、透明度、高效率和有效性的原则，以及现有环境和治理高标准相一致，进行恰当的设计和运营，同时认识到上述标准是在持续演进和改进的。

在 2015 年 3 月的北京中国发展论坛上，亚洲开发银行总裁中尾武彦被问及，他的机构和亚投行的未来关系走向将是竞争还是合作。中尾武彦承认，亚行本身也会受益于某些改革。他还接着说，只要亚投行在公司治理和贷款业务上遵循“最佳实践”（Best Practices），两个银行完全可以实现合作共赢。

对此，时任中国财政部部长楼继伟在这次论坛上给予了回应。他的回应措辞强烈，“我不认可最佳实践，谁是最佳？刚才中尾武彦行长也说到，亚行需要进一步改革。如果最佳就不需要改革了。”他认为当前国际多边机构存在一些比较官僚的流程，而且根本没必要做得如此烦琐，因而不能称其为最佳。他强调，亚投行应注重决策流程的精简和效率原则。

此外，楼继伟还指出，考虑到亚投行将是一个由发展中国家主导的多边开发机构，因此，在制定规则和流程的过程，应充分考虑他们的诉求。他的观点非常清晰：亚投行不会刻意追求摆脱西方国家制定的规则，而是致力于完善。“西方有时候提出的一些规则我不认为是最佳的，这个恐怕有很多西方国家参与了。咱们大家一起讨论，不见得现存制度都是最佳。”

在关键问题上，中国从不隐晦自己的观点：亚投行不仅要展示出不弱于现有国际多边机构的有效性，还要做得更好。实际上，基于从零开始的后发优势，亚投行正在筹建一种摆脱现有多边机构固有问题的治理结构。

至少从理论上来看，亚投行的治理结构在很多层面上是有优势的：以简单透明的公式计算各成员国的投票权比例；在重大问题上，任何单一国家都不享有一票否决权；不设实地执行董事会，只监督但不干涉机构的管理，彻底摈弃现有多边机构的拖沓与官僚作风。

这些特征，远胜过现有国际多边机构僵化而严格的治理结构。比如说，IMF 设全职的常驻理事会，这种安排耗费大量的人工成本，还干涉机构的日常运营，而不是只履行监督职能，将决策权交给管理层。尽管曾有过改变这种结构的尝试，但均以失败而告终，原因很简单——改革必须经过这个委员会的批准。

中国已宣布，作为亚投行拥有最多表决权的国家，中国在重大决策上不享一票否决权。尽管这一声明的真诚还有待未来实践的验证，但至少已经与 IMF 划清界限。在 IMF，重大决策需要取得 85%的大多数通过。按照这一标准，持有 16%表决权的美国实际上就拥有了一票否决权，这样的安排往往会让其他很多国家感到无可奈何。

2016 年 1 月 16 日，亚洲基础设施投资银行在北京正式启动并举行了第一次理事会，会上正式任命亚投行候任行长金立群为首任行长。金立群说，亚投行将坚持“精干、廉洁、绿色”的经营理念。他还进一步指出，亚投行“遵循透明、公开、独立、问责的原则。一个灵活而有创新性的机构应善于从历史中学习，并能认清未来的希望和机遇”。

显然，亚投行的创立是中国人耐心等待改变全球治理规则的一个绝佳证明。中国正在握紧重写全球规则的缰绳。他们的意图很明显，即变革目前主要掌握在发达国家并反映其利益的国际秩序。亚投行没有任何特殊利益诉求，这向新兴市场国家和发达国家表明，在它们加入这个由中国倡导的机构时，不需要迟疑。

2016 年 5 月，金立群信心满满地称，到当年年底，亚投行的成员国数量将扩展到 100 个。他还指出，尽管日本和美国拒绝加入，但亚投行的大门始终对它们敞开。而且在任何情况下，日本和美国公司都将在亚投行出资项目的投标过程中获得公正待遇。他还有针对性地补充，亚投行将向包括美国在内的世界各国公开招募高管，甚至已考虑任命一名日本人担任银行高层职位。

尽管亚投行的出现并没有直接提升人民币的国际地位，但有一点毫无疑问：随着时间的推移，其必将为中国在国际贸易及金融中使用人民币提供一个金融桥头堡。与此同时，尽管这个由中国主导的亚投行尚在组建过程中，但中国早已在其他领域开始建立新兴市场国家联盟。

要么忍受，要么变革："金砖五国"的现实选择

在由中国、巴西、俄罗斯、印度和南非等主要新兴市场经济体组成的所谓"金砖五国"中，中国的领导地位毋庸置疑。这五个国家的经济总产出相当于全球 GDP 总额的 1/4，而 30 亿的总人口更是达到全球人口总数的 2/5 左右。

2009 年 6 月，中国、巴西、俄罗斯和印度在俄罗斯的叶卡捷琳堡召开了"金砖国家"第一次正式峰会（南非此时尚未受邀加入这个新兴市场国家的俱乐部）。此次峰会举办时，该组织尚未获得这个后来由高盛公司首席经济学家吉姆·奥尼尔（Jim O'Neill）首次提出的名称，但其目的已非常明显，即在全球货币系统中取得更大的话语权。

该组织的走红在一定程度上还要归功于 G20，后者涵盖全球的大多数主要发达国家。在新兴市场国家眼里，G20 几乎就等同于发达国家，因而，2008 年全球金融危机期间，G20 也被寄希望于成为协调国际政策的主要力量。然而，到了次年中旬，新兴市场开始意识到，作为这

场危机的始作俑者，发达国家本身根本就不足以承担这份责任，更不用说辅助 G20 完成这一使命的 IMF 及其他国际机构。

最初的这四个“金砖国家”不仅需要在主要国际机构获得更大的话语权，更希望能借此改变主导国际金融领域的基本规则和程序。这些国家想对全世界发出一个清晰的信号：它们不再接受由发达国家控制国际秩序的固有安排——通过不成文的规定，让欧洲掌控 IMF，由美国掌控世界银行。第一次峰会结束后发布的《“金砖四国”领导人俄罗斯叶卡捷琳堡会晤联合声明》称：

> 我们承诺推动国际金融机构改革，使其体现世界经济形势的变化。应提高新兴市场和发展中国家在国际金融机构中的发言权和代表性。国际金融机构负责人和高级领导层选举应遵循公开、透明、择优原则。我们强烈认为应建立一个稳定的、可预期的、更加多元化的国际货币体系。

对于“金砖国家”能否形成共同利益阵营，而不仅仅是一个清谈会，质疑声要大于赞许声。尽管“金砖国家”对发达国家可能都有着相同的抱怨，但它们也是各自地缘政治中的对手。比如说，中国和印度一直存在边界争议。很难相信，对发达国家的共同诉求能让它们放弃前嫌、同仇敌忾。在 2010 年邀请南非加入该组织时，这种怀疑论也达到了顶峰。显而易见，要形成一股真正的力量，它们还需要继续努力。

作为该组织中规模最大、外汇储备最丰厚的经济体，中国找到了一个领跑的机会，而且不失时机地抓住了这个机会。

首先，中国牵头其他四个国家筹建“金砖国家”新开发银行（BRICKS New Development Bank）。该银行成立于 2015 年 7 月，主要目标就是推进这五个国家的可持续发展。由于担心被边缘化，印度曾主动游说其他“金砖国家”将新开发银行的总部设在新德里，但印度的计划最终落空了。不过作为补偿，它们获得有权指定第一任行长的承诺。中国始终坚持，“金砖国家”新开发银行总部应设立在中国。考虑到过度控制会招致其他国家的不满，中国在控制权上选择退让。第一步500亿美元出资由五个国家平均分摊，因此，五个国家享有均等的投票权，决议采取多数通过原则，各国均不享有一票否决权。

2015年7月，“金砖五国”建立的亚洲储备资产安排——应急储备安排（Contingent Reserve Arrangement）正式投入运营。官方发布文件对应急储备安排的职能描述如下：“一个自我管理的应急储备安排以应对短期国际收支压力，提供相互支持，并进一步加强金融稳定；应急储备安排将为补充现有的国际货币和金融安排、加强全球金融安全网做出贡献。”

应急储备安排的资金总规模为1 000亿美元。其中，中国出资410亿美元，巴西、俄罗斯、印度各180亿美元，南非50亿美元。出资不涉及直接的资金转移，而是在有关金砖国家因出现货币危机而需要资金援助时，各方应按约定金额提供资金。该贷款以硬通货提供，在相关国家出现资本流入突然减少的情况时，用于偿付债务或维持进口稳定。显然，需要资金的国家不会是出资方。

巴西、俄罗斯和印度可获得的资金为各自的出资额度。中国可获得的资金为其出资额的一半，而南非可获得的资金额度是其出资的两倍。在各国可获得的最大借款额度中，只需得到其他签约方同意即可获得其中的30%。剩余70%不仅需经提供方同意，还要由申请方证明其与IMF曾有过长期贷款安排，而这通常要求借款国采取适当的经济政策，包括稳健的财政及货币政策。

通过上述两个新的机构或安排，“金砖五国”实现了经济组织应当具有的权利。这种相互协调的资金互助机制，缓解了缺乏共同经济及地缘政治利益可能会阻碍经济合作的顾虑。此后，中国凭借强大的金融实力，逐渐成为该集团中的佼佼者。

就像中国所参与的其他国际金融机构一样，“金砖五国”同样不会直接提升人民币的国际地位。但是，通过与主要新兴市场经济体建立更强的金融纽带，创建与现有国际金融架构相抗衡的机制，是人民币出海、成为全球储备货币的另一种路径。事实上，中国并没有止步于这样的安排。中国认识到，在它用财富造福于邻国和盟友的时候，自己也是受益者。

“一带一路”：欧亚大陆成为“世界岛”

在研究亚欧大陆在历史上的诸多交流时，“丝绸之路”始终是让史学家和其他学者魂牵梦绕的话题。实际上，“丝绸之路”这个词由德国地理学家费迪南·冯·李希霍芬男爵（Baron Ferdinand von Richthofen）在 19 世纪末提出，指存在于两千年前、连接东西方的一条贸易路线。进入 20 世纪，这个词被广为传播。此时，“丝绸之路”泛指历史上横跨欧亚大陆的经济及文化交流体系。按照这个定义，“丝绸之路”已不再是某一条简单的具体路线，而是一个包括铁路、公路及其他路径在内的广义交通网络。

不过，这个词在某种程度上并不准确，因为在这些线路上进行的贸易往来中，来自中国的丝绸仅占很小的比例。但至少在公众的心目中，丝绸曾是古代中国与西方之间最重要的贸易品。这种印象又因为旅行家的记述而加深。比如说，在公元 14 世纪，摩洛哥旅行家伊本·白图泰（Ibn Battuta）曾游历后来被称为“丝绸之路”的大部分地区。丰富的中国丝绸产品让白图泰大开眼界，回想在中国的短暂经历时，他写道，“丝绸是常见的中国产品。在中国，人们到处都可以发现蚕爬在树上，无须喂养。然后，它们就可以吐丝。这样，丝绸就成为穷人制作衣服的原材料。如果没有商人，丝绸根本就不值钱，而且棉衣还可以换取很多丝绸。”

尽管人们普遍将“丝绸之路”视为最重要的中西方商业通道，但也有学者指出，它对经济交流的影响力远不及文化及宗教交流。耶鲁大学历史学教授芮乐伟·韩森（Valerie Hansen）曾在《丝绸之路新史》（*The Silk Road*）一书中写道，“如果以货物、流量或往来人数作为衡量各个时代某条既定线路的指标，那么，‘丝绸之路’是人类历史上交通流量最少的道路之一。没有充足的证据支持丝路上曾出现繁荣的大规模贸易，因此，它根本就不值得研究。”

她认为，与贸易相比，“丝绸之路”更重要的历史意义在于文化交流，因为世界各地的旅行家沿着这些线路“传播了文化，就像在遥远的土地播下外来植物的种子……尽管算不上贸易路线，但这个交通网络却逐渐成为世界上最著名的文化大动脉，成为东西方之间传播宗教、文化、语言和新技术的纽带”。这些线路为印度的佛教、伊斯兰文化，以及阿拉伯和波斯宗教传播到中国创造了条件。

对亚洲和欧洲国家，中国政府喜欢以历史作为强化经济纽带的桥梁，不同的是，现在中国更强调以商业利益为基础，而不再是文化或宗教交流。2013 年秋天，习近平主席提出了两个重大经济发展规划——建立“新丝绸之路经济带”和“21 世纪海上丝绸之路”。之后，两大方案逐渐融汇，被统称为“一带一路”。

该提议涉及的地域覆盖历史上的“丝绸之路”，但已不限于此。按照设想，“一带一路”贯穿亚欧非大陆，一头是活跃的东亚经济圈，一头是发达的欧洲经济圈，中间广大腹地是众多经济发展潜力巨大的国家。“新丝绸之路经济带”重点畅通中国经中亚、俄罗斯至欧洲（波罗的海）；中国经中亚、西亚至波斯湾、地中海；中国至东南亚、南亚、印度洋。“21 世纪海上丝绸之路”重点方向是从中国沿海港口过南海到印度洋，延伸至欧洲；从中国沿海港口过南海到南太平洋。

根据“一带一路”走向，陆上依托国际大通道，以沿线中心城市为支撑，以重点经贸产业园区为合作平台，共同打造新亚欧大陆桥、中蒙俄、中国—中亚—西亚、中国—中南半岛等国际经济合作走廊；海上以重点港口为节点，共同建设通畅安全高效的运输大通道。中巴、孟中印缅两个经济走廊与推进“一带一路”建设关联紧密，要进一步加强合作，取得更大进展。

2014 年 11 月，习近平主席宣布，“丝路基金”将于 12 月在北京注册成立并正式开始运行。中国首次出资为 400 亿美元。根据相关文件，该基金的宗旨是：“按照市场化、国际化、专业化原则，促进互联互通，致力于实现‘一带一路’的宏伟蓝图和美好未来。”

遵循市场化原则、达到甚至超过国家最高治理标准的提法，是贯穿相关很多文件的一个核心思想。这表明，“一带一路”战略不只是改善中国或其他国家国有企业的手段。此外，中国希望向外界表明，按照“一带一路”战略规划开展的项目在技术、环境保护或公司管理等方面将采取高标准、严要求，绝不容忍或姑息低质量项目。

不难看出，尽管亚洲地区的发展中国家对与中国合作的经济和政治前途有所顾虑，但这些国家显然无法抗拒该倡议的诱惑力。毕竟，它们迫切需要更多、更好的基础设施，同时又缺乏进行基础设施建设的资金。因此，发展与中国的经济关系对它们至关重要。

在 2015 年 4 月对巴基斯坦的访问中，习近平主席宣布，将为巴基斯坦提供 460 亿美元的资金援助，用于巴方能源及基础设施建设项目。自 2002 年以来，美国以经济建设及国防为目的而提供的援助总额约为 310 亿美元。与中国的援助相比，这个数字就显得相形见绌了。

巴基斯坦总理那瓦兹 · 谢里夫（Nawaz Sharif）感谢中国“兑现承诺，帮助我们解决能源危机，让巴基斯坦在能源上自给自足”。巴方官员及媒体编辑将中巴之间坚实的经济合作称为“改变巴基斯坦经济命运的举措”，并显示出巴方的“未来的外交政策走向将有可能摆脱对美国等传统盟友的依赖”。一篇社论指出，经济合作协定让“中国成为巴基斯坦在全世界最重要的盟友”。谢里夫总理难以按捺心中的激动，“山河隔断了两个国家，但心心相印和沟通的思想让我们两个国家紧密团结在一起……我们是好邻居、亲近的朋友、紧密的兄弟和相互信赖的合作伙伴。我们是经历时间考验的全天候战略合作伙伴。我们是真正铁打的兄弟。”

此外，“一带一路”战略还为通过国际交往，改善经济欠发达的中国西南内陆省份的发展前景创造了条件。这无疑将会缓解中国的增长不均衡现象，提高国内经济发展的同步性。此外，它也为中国提供了新的增长动力，至少可暂时解决国内制造业的产能过剩问题，扩大中国的出口产品市场。

中国政府从不隐晦这一战略的经济意义，譬如，借此推进金融一体化，以及提高人民币的国际地位等。虽然中国并未刻意强调这些目标，但大量官方文件已经表明了这一点。譬如，在国家发展改革委、外交部、商务部联合发布的《推动共建丝绸之路经济带和21世纪海上丝绸之路的愿景与行动》中就有如下阐述：

> 深化金融合作，推进亚洲货币稳定体系、投融资体系和信用体系建设。扩大沿线国家双边本币互换、结算的范围和规模。推动亚洲债券市场的开放和发展。共同推进亚洲基础设施投资银行、“金砖国家”新开发银行筹建，有关各方就建立上海合作组织融资机构开展磋商。加快“丝路基金”组建运营。深化中国 - 东盟银行联合体、上合组织银行联合体务实合作，以银团贷款、银行授信等方式开展多边金融合作。支持沿线国家政府和信用等级较高的企业，以及金融机构在中国境内发行人民币债券。符合条件的中国境内金融机构和企业可以在境外发行人民币债券和外币债券，鼓励在沿线国家使用所筹资金。

尽管“一带一路”倡议并未明确具体范围，但对于认为该倡议是为了进一步强化中国的经济利益并以此对邻国施加政治压力的担心，北京方面十分重视。中国政府对政治层面的考虑尤为敏感，因为中国始终认为，美国及其他西方国家不能从西方世界的民主、言论自由或人权观点出发，去干涉中国内部事务，特别是中国香港和西藏等地区的事务。

《推动共建丝绸之路经济带和 21 世纪海上丝绸之路的愿景与行动》指出，“一带一路”倡议要遵守和平共处五项原则，即尊重各国主权和领土完整、互不侵犯、互不干涉内政、和平共处、平等互利。

此外，中国还谨慎地对将“一带一路”倡议等同于“马歇尔计划”的观点进行了驳斥。“马歇尔计划”是由美国提出并在 1947—1951 年实施的，计划由美国提供资金（约 130 亿美元），帮助二战后的西欧国家重建经济。但部分史学家认为，“马歇尔计划”并不是什么利他主义行为，而是美国出于保护自身经济和地缘政治利益目的的产物。

康奈尔大学的修正主义史学家沃尔特·拉费伯（Walter LeFeber）曾指出，尽管“马歇尔计划”确实有助于欧洲及全球经济的恢复，但它的根本目的还是服务于美国的经济利益。在一部与他人合作的专著中，拉费伯提到，“欧洲复兴计划还有其政治动机。美国总统杜鲁门和国务卿马歇尔将该计划看做帮助美国在欧洲防御苏联入侵、修复西欧经济的手段，以防止该地区遭到莫斯科势力的侵蚀。”

为此，“丝绸之路基金”官网发表文章，对将“一带一路”倡议比作“马歇尔计划”的观点做出了评论，并驳斥了将两者混为一谈的说法：

> “马歇尔计划”是二战后美国特殊地位的产物。中国的人均 GDP 在全球才刚刚算是中等收入国家的水平，中国还在努力奔小康，这与美国在当时世界上的地位完全不同……“丝绸之路基金”的很大一部分工作在于充分利用中国的外汇储备。因此，从本质上说，“丝绸之路基金”和“马歇尔计划”不一样。

和其他倡议一样，中国制订出令人振奋的目标。对于新的周边外交政策，中国将自己的基本原则归结为“亲”“诚”“惠”“容”四个字。“亲”就是要坚持睦邻友好，守望相助；讲平等、重感情；常见面，多走动；多做得人心、暖人心的事，使周边国家对我们更友善、更亲近、更认同、更支持，增强亲和力、感召力、影响力。“诚”就是要诚心诚意对待周边国家，争取更多朋友和伙伴。“惠”就是要本着互惠互利的原则同周边国家开展合作，编织更加紧密的共同利益网络，把双方利益融合提升到更高水平，让我国发展更好地惠及周边，同时也使我国从周边国家共同发展中获得裨益和助力。“容”就是要倡导包容的思想，亚太之大容得下大家共同发展，要以更加开放的胸襟和更加积极的态度促进地区合作，更加主动、更加积极地回应周边国家期待，共享机遇，共迎挑战，共创繁荣。

耐人寻味的画外音

在提高中国国际金融地位，以及人民币“出海”的过程中，某些金融机构扮演了微妙但极为重要的角色——其手段就是助推人民币在国际金融市场的使用。比如，中国开发银行的主要职能是为中国及外国公司的海外经营提供贷款。2014 年年底，该行发放的海外贷款达到 1 630 亿美元，约占其 1.3 万亿美元贷款总额的 13%。到 2015 年年底，中国开发银行的海外贷款总额上升至接近 3 300 亿美元（贷款总额约 1.9 万亿美元）。

中国进出口银行是另一家可为中国扩大海外影响力的银行，其主要职能是为国际贸易提供融资。该银行从未公布海外贷款数据。据中国出口买方提供的出口信贷，以及外国政府和国际金融机构提供的境外贷款数据估算，2014 年，该行提供的海外贷款总额约为 530 亿美元，约占其贷款总额的 19%。

显然，中国已决心通过直接及间接手段发挥其全球经济大国的作用，积极影响现有的国际秩序，并努力按自己的理解重塑国际货币体系。亚投行的建立，让北京取得发挥其全球经济和政治影响力的合法手段，甚至在悄无声息间重新定义游戏规则。

中国一向善于以巧妙而有节制的方式参与国际经济事务，这种方法强调的是建设性参与，而不是滥用金融实力，亚洲基础设施投资银行成为这种一贯策略的教科书式范例。对中国来说，亚投行已成为它的国际经济外交工具，与以前的双边策略形成互补。事实证明，双边模式甚至有可能让接受中国资金的国家产生怨恨情绪。

中国正在逐渐成为国际社会的领导者，但并非如西方国家那样，在接受现有游戏规则前提下融入现有机制，而是从自身对游戏规则的理解出发，通过联合其他国家建立一个由中国主导的新秩序。而这个目标又自然而然地衍生出另一个目标，最终改变现有国际金融的规则。因为在目前的规则下，中国必须接受现有国际储备货币享有的特权。当然，作为这个过程当中的连带产物，让人民币在全球主要储备货币中占据一席之地，也是中国政府的主要意图所在。

我本应以某种形式的高潮性结论作为全书结束语。但以当下混沌不清、前景不甚明朗的现实看，任何确定性结论都有可能与未来事实相左，因此，从理性的现实条件出发，没有结论或许是最好的结论。我当然不是在为结论的残缺而致歉，因这本身就不是什么结论。其实，即便我阐述的事实或许只是事情的开端，但我觉得那已经足够期待了。

——《恒星与原子》（*Stars and Atoms*）

亚瑟·爱丁顿爵士（Sir Arthur S. Eddington）

第 10 章

正在发生的未来

人民币的黄金时代

人民币在短时间内即完成了原本漫长的历程。它正以飞驰的速度走上国际金融领域的最高殿堂。可以想象，人民币作为国际性货币地位的不断提升，必将削弱其他主要货币，甚至动摇美元在国际贸易及金融交易中的记账和交换媒介等方面的地位。然而，国内经济结构失衡正在成为人民币国际地位进一步攀升的掣肘，并对其取得储备货币（即价值储备工具）的地位形成制约。此外，考虑到中国政治体制的特殊性，人民币很难在短期内成为国际"避风港"货币。因此，尽管其进一步升级的趋势或将不可逆转，但是，人民币成为与美元平起平坐的主导型储备货币的观点，似乎还遥遥无期。

对如何改善人民币在全球货币体系中的地位，中国采取了一种与众不同的方法。实际上，和其他重大改革举措一样，中国正以独有的方式开放其资本账户，并以可控的渐进手段放松对金融流动的监管。中国政府有可能持续放松有形的控制，通过其他手段对资本流动实施"软"控制。如果现有轨迹得以延续，中国将在 2020 年实现资本账户完全开放，而这必定会极大提升人民币在全球贸易和金融中的地位。

考虑到中国的经济体量和金融实力，中国政府推动人民币出海的举措已收到实效，尽管某些成果在规模上还非常有限。目前，中国约

30%的跨境贸易已采用人民币计价和结算。虽然人民币已成为全球第五大支付货币，但在全球跨境贸易和金融交易支付货币的份额尚不足3%。此外，人民币在全球外汇市场成交量中的比例也不到2%。就其规模本身而言，人民币似乎还显得不成气候，但考虑到人民币在几年前还停留在零起点这一事实，如此进展已令人瞠目结舌。当然，如果以这样的速率做线性推论，其结果极有可能过于乐观。

人民币纳入IMF的SDR货币篮子，是体现这种货币已成为国际性货币的一个重要里程碑，因为这相当于IMF正式认可人民币的官方储备货币地位。此外，人民币也开始被部分国家央行纳入本国的外汇储备资产之中。就现状而言，某些成功的象征意义或许大于其实际意义，但可预期的是，一旦各种局部成功相互汇聚并达到某个临界点，必将具备可改变全球货币体系的威力。

与此同时，人民币进入SDR篮子，也会成为IMF及国际社会要求中国在其国内政策中反映全球呼声的一种制约措施。要在世界经济中取得与其规模相适应的地位，中国就必须进一步放开其经济。中国领导层始终坚持金融及其他领域市场化改革的方针。如果这些方针能得到有效执行并对传统风险给予审慎管理，必将为人民币成为重要储备货币铺垫坚实的基础。

不过，改革并非一帆风顺。金融及资本市场的市场化进程始终未实现均衡发展，而且缺少清晰明确的发展战略，这体现在各领域改革的进度严重失衡，并带来一系列固有风险；实体经济层面的改革与金融领域市场化水平脱节。此外，中国还缺乏完善的制度基础、对金融及其他市场化改革具有补充作用的公共及公司管理、决策程序透明度，以及监督制度有效性等。这些也对中国经济和人民币的进一步发展形成掣肘。

因此，中国领导层迟早要脱离超越循序渐进的金融及经济适度改革思维，并最终涉及深层次改革，解决影响中国经济进一步发展的基本性问题。在适当的环境下，可控的失稳和一定程度的失控有可能会带来置之死地而后生的效果，为功能更完善的市场经济创造条件。反过来，这也是人民币与发达国家货币平起平坐的基本前提。

中国领导层对金融行业和资本账户放开的承诺，已为人民币未来趋势制定了明晰的规划。即使成为储备货币，人民币也不会有成为“避风港”货币的诉求。在没有基本配套制度改革的前提下，人民币虽然会侵蚀美元的全球储备货币霸主地位，但短期内还不足以构成严重威胁。

然而，即便人民币未能成为“避风港”货币，考虑到中国在当今全球舞台上的地位，人民币依旧会在全球货币体系中扮演重要角色。中国经济在规模上的快速增长和机制上的日益灵活，将有助于提升人民币的国际地位，尤其是在亚洲地区的影响力。亚洲基础设施投资银行、“一带一路”倡议，以及与其他主要新兴市场国家合力打造的“金砖国家”，都将有利于中国摆脱对传统投资的依赖，实现海外投资多元化，提高投资的回报，并最终让中国在亚洲乃至全世界获得具有足够威慑力的无形实力。当然，这些新变化的出现对提高人民币国际使用的作用也是毋庸置疑的。

全球金融还在其他方面发生着翻天覆地的变化。随着中国家庭、企业和机构投资者逐渐成为中国资本输出中的主力军，中国海外投资组合的多元化程度不断加大。同时，中国对美国及其他发达国家的资本流出结构也悄然变化，官方购买政府债券让位于其他途径——包括外国直接投资及外国股票投资等。

人民币成为全球储备货币的前景终将依赖于更宽泛的国内政策，尤其是中国在金融市场发展、汇率弹性，以及资本账户放开等方面的政策。因此，为人民币国际地位提供支撑的各项改革措施能否落地，会对中国经济及其资本流动模式带来重大影响。

人民币作为国际储备货币地位的持续提升，将对现有国际储备货币带来严峻挑战。从理论上说，也为这些货币的发行国提供了完善经济政策的激励，因而将极大改善本地区乃至全球金融体系的稳定性。反过来，这又要求中国的宏观经济政策，以及金融市场的发展和监管水平为其宏观经济和金融稳定性创造条件。因此，如何驾驭挑战不仅对中国自身至关重要，而且必将对整个世界影响重大。

中国的货币历史始于两千年前，其间跌宕起伏，夹杂着诸多曲折和反转，当然更有无数令人激动的时刻，直至而今已成为国际性货币的人民币。

或许，最令人振奋的篇章尚未来临。

致谢

本书汇集了我在过去15年里对中国货币的全部研究成果。在这段时期，我有幸与一批杰出的学者并肩工作，其中不仅有很多中国问题专家，更有国际金融领域的顶级研究者。本书是笔者与如下几位学者合作取得的成果，包括IMF研究部主任马克斯·查蒙（Marcos Chamon），卡内基梅隆大学蒂伯商学院教授、美国联邦储备银行里士满分行前高级副总裁马尔文·古德菲兰德（Marvin Goodfriend），国际货币基金组织研究部副主任阿亚汗·科斯（M. Ayhan Kose），挪威经济学院刘凯，芝加哥大学布斯商学院金融学教授、印度财政部首席经济顾问拉格拉迈·拉詹（Raghuram Rajan），哈佛大学公共政策教授肯尼斯·罗格夫（Kenneth Rogoff），国际货币基金组织的托马斯·鲁姆博夫(Thomas Rumbaugh)，国际货币基金组织前经济学家、中金公司投行部执行负责人王庆，哥伦比亚大学、美国国家经济研究局魏尚进，以及来自世界银行的叶雷。

国际金融协会首席经济学家堀口有介（Yusuke Horiguchi）最早为我提供了到IMF中国办事处工作的机会。我不仅从那里的同事身上学到了很多东西，更得益于IMF的员工所开展的研究。

康奈尔大学及布鲁金斯学会为延续我的中国研究提供了绝佳条件，这两个机构的同事加深了我对本书相关问题的认识。因此，我非常感谢如下几位多年以来给予我的鼓励和支持：康奈尔大学的狄恩斯·苏珊·亨利（Deans Susan Henry）和凯瑟琳·波尔（Kathryn Boor），以及来自布鲁金斯学会的雷尔·布雷纳德（Lael Brainard）、凯梅尔·德威斯（Kemal Dervis）和斯通罗布·托尔波特（Strobe Talbott）。

当然，还有很多来自中国的友人和同行为我提供宝贵的知识和建议，帮助我更好地了解中国经济。在此，我尤其要感谢如下几位：中国证券监督管理委员会副主席方星海，中国人民银行前副行长胡晓炼，北京大学国家发展研究院黄益平教授，亚洲基础设施投资银行行长金立群，中国进出口银行原董事长兼行长李若谷，世界银行前高级副行长兼首席经济学家林毅夫，中央财经领导小组办公室主任刘鹤，中国社会科学院罗平教授，中国人民银行研究局首席经济学家马骏，中国人民银行原副行长、国家外管局原局长吴晓灵，中国人民银行副行长易纲，中国社会科学院学部委员余永定，中国人民银行行长周小川，以及IMF前副总裁、中国银行副行长朱民等。此外，和很多业内人士的交流，也让我受益匪浅，如大卫·多拉尔（David Dollar）、亚瑟·科罗波尔（Arthur Kroeber）、尼古拉斯·拉蒂（Nicholas Lardy）和李成（Li Cheng，音译）等。多年以来，他们的研究为我了解中国提供了契机。

贝西亚·卡明思卡（Basia Kami ń ska）最早通读了本书原稿，并提出了很多独到意见和评价，大大提高了本书的深度。詹姆斯·丹尼尔（James Daniel）、丁梦洁、大卫·多拉尔、卡里姆·福达（Karim Foda）、克里斯蒂娜·格鲁布斯基（Christina Golubski）、堀口有介、坚田沙织（Saori Katada）、尼古拉斯·拉蒂、马库斯·罗德劳尔（Markus Rodlauer）及杰米里·华莱士（Jeremy Wallace）分别通读了本书的不同章节，并提出了很多宝贵建议。

奥德雷·布雷特维瑟尔（Audrey Breitwieser）、陈文东、卡里姆·福达、雷提什·辛德（Ritesh Shinde）、王涛和杨一硕作为研究助理，为本书提供了丰富的素材。他们为本书付出了大量的心血，提供了翔实可靠的数据和背景研究，并在通读各章节的基础上提出了很多建议。此外，王涛和杨一硕还负责将大量中文资料翻译成英语。威廉·巴内特（William Barnett）的编辑工作尽职尽责，施拉德哈·阿南德（Shraddha Anand）和纳瑟蕾·阿比盖尔·布迪曼（Naathalie Abigial Budiman）也参与了本书的编辑工作。艾丽卡·罗斯（Erika Rose）为我的研究工作提供了强有力的后勤支持。

本书的策划编辑是斯科特·帕里斯（Scott Parris），本书的英文书名即出自他。牛津大学出版社的安妮·代林格尔（Anne Dellinger）和印度Newgen出版集团的阿尔冯萨·詹姆斯（Alphonsa James）在本书出版的全过程中给予我很多帮助和支持。霍华德·本森（Howard Benson）为本书各章节的标题提供了宝贵意见。

我受中美经济与安全审查委员会委托所完成的报告《中国为推动人民币国际化使用所付出的努力》（*China's Efforts to Promote the International Use of the Renminbi*）为本书中的研究和分析奠定了基础。凯瑟琳·克莱斯基（Katherine Koleski）、纳尔奇扎·斯里德加诺娃（Nargiza Salidjanova）及该委员会其他同仁在深度和文笔等方面对该报告提出了大量建议。

对已故的父亲帕尔瓦提（Parvathi）和母亲尚卡尔（Shanker），以及我的两位姐妹尚提（Shanti）和贾妍提（Jayanthi），仅仅感谢，显然不足以表达我对他们的谢意。

在创作本书的那些日日夜夜，我的小狗莫扎特是我最忠实的陪伴者，守护着我冥思苦想，陪着我散步醒脑。

最后，但也是我最应该感谢的一个人，就是我的妻子巴西亚。同时，感谢我的女儿碧丽妮卡（Berenika）和余维卡（Yuvika）给我的永远的支持和无尽的爱。她们的爱，让我所有的付出都变得价值连城。

附录 A

人民币地位提升对美国的影响

中国资本账户的开放程度可能严重影响到其在美国的投资规模，更重要的是，还会影响其投资结构。在过去近 20 年里，中国对美国的主要资本流出渠道始终是官方购买美国政府债券，并成为外汇储备的积累。事实上，提高汇率的弹性、拓宽金融系统的范围是对冲货币风险的基本手段，因为这不仅有助于中国适当减少储备资产，而且会减少“浮动恐惧”(对货币价值波动的担心)。譬如，丰富的衍生品市场可以为包括公司在内的私人机构规避货币波动风险提供保险，从而减少对公共保险机制提供储备的需求。此外，提高金融系统的深度和广度还可以减少资本流动的波动加剧所带来的风险，这对正在提高资本账户开放度的中国而言尤为重要。

通过“中国对美国的投资头寸”分析可以发现，政府债券及机构债券（由美国政府所属机构或其创办的经营机构发行的债券）始终是中国对美投资存量总额的主要组成部分（图 A.1)。与此同时，中国对美国的股票投资也出现快速增长之势，从 2007 年的 290 亿美元增加到 2015 年的 3 300 亿美元。中国对美国的直接投资同样增长迅猛，但在绝对金额上尚处在低位，2015 年合计为 630 亿美元。

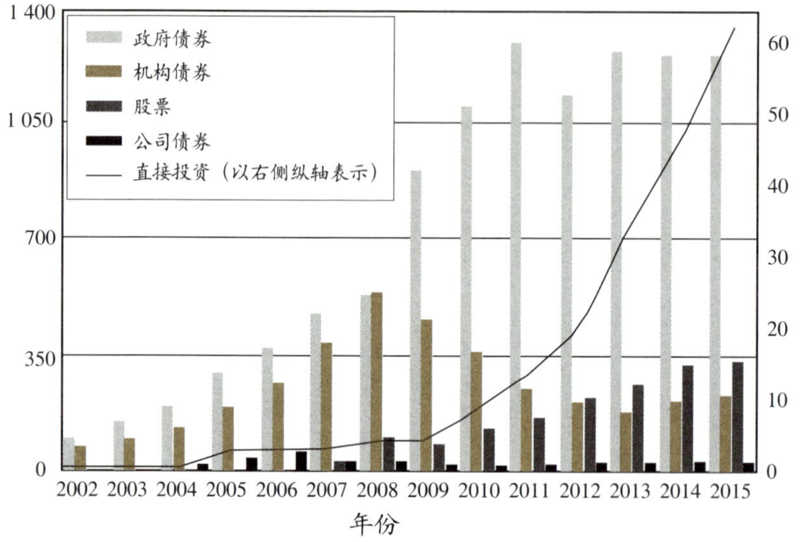

图 A.1 中国对美国的投资头寸（单位：10 亿美元）

资料来源：美国财政部国际资本系统（U.S. Treasury International Capital System）及荣鼎咨询集团（Rhodium Group）。

注释：本图为中国对美国的直接投资及持有的其他有价证券类型。除直接投资外，其他投资类型的金额均以各年度截至 6 月底的数据为准。

美国财政部国际资本系统提供的数据表明，尽管中国的外汇储备在 2014 年 6 月—2016 年 1 月曾大幅减少近 8 000 亿美元，但在 2013—2015 年，中国持有的美国国债绝对金额基本维持稳定（图 A.2）。因此，中国虽然一直在防止人民币持续贬值，但似乎并未因此而抛出美国国债。然而，中国在美国政府机构债券持有量的占比在持续下降，表明其他投资者对美国国债需求持续旺盛。此外，考虑到美国联邦政府近几年的资金需求，相比于金融危机及随后一段时间内对资金的需求已大幅降低，因此，中国减少对美国国债的持有量这一事实，其本身不太可能对美国国债收益率带来明显影响。

随着中国金融市场的持续发展，私人投资者不断在其投资组合中增加海外资产，中国对外投资模式的转型或将成为大概率事件。目前，中国对美国股票的投资还相对有限。随着资本账户开放程度的不断提高，这种状况有可能发生变化。更多的中国资金或将转向海外市场，寻求资产多样化的机会和收益。这将导致中国资本流入美国的各类资产市场——从股票到不动产，概莫能外。

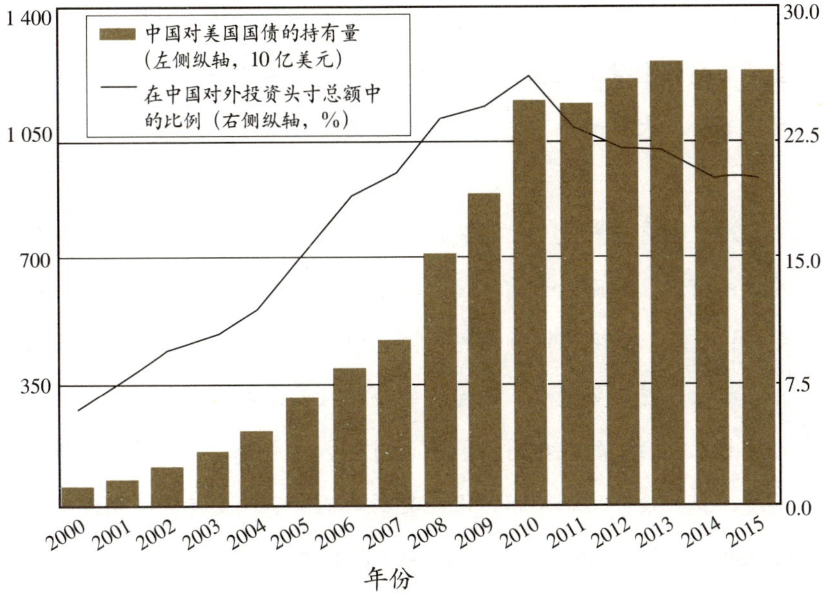

图 A.2 中国对美国国债的持有量

资料来源：美国财政部国际资本系统。

注释：本图为中国对美国国债在各年底的数据。

因此，对人民币“出海”提供支撑的各项基础政策改革，也将对中国经济及其资本流入流出模式带来显著影响。这种影响既体现在资本流动的总量上，也体现在流入及流出的结构上。

同时，尽管人民币极有可能在未来 10 年成为一种重要的国际储备货币，但它还不太可能撼动美元的霸主地位。可以说，就政府债券等典型安全流动性资产的层面看，中国与美国之间还存在着一道鸿沟。美国金融市场所具有的深度、广度和流动性，将为美元主导地位遭遇的任何威胁提供坚实的缓冲带。不过，随着人民币逐渐成为重要的国际性货币，以人民币及其他新兴市场国家货币进行交易的成本不断下降，美元作为记账单位（作为贸易交易的计价工具）和交换载体（作为跨境金融贸易和金融交易的结算工具）的地位极有可能受到挑战。这或许会影响到美元在国际金融市场上的使用，但这本身还不足以对美国经济构成严重威胁。不过，这些趋势，叠加中国在建立自有支付系统方面的努力，有可能会削弱美国金融体制独一无二的优越性。所有这一点，都将影响到美国动用其金融大棒的能力，而这种能力恰恰植根于美元对国际金融的统治力。

此外，也有观点认为，人民币正在向着取代美元、主导全球储备货币的方向前进。然而，如前所述，要做到这一点，中国还缺少一个关键性要素：信任。要获得货币的统治权，中国还须拥有更强的经济和军事实力，以及一整套更健全、更完善的公共及政治制度。实际上，这些制度的重要性在后金融危机时代展现无遗。尽管危机让美国的金融市场几近崩溃，公共债务急剧膨胀，促使美联储不得不为支持经济而大举开放流动性闸口，但美元的坚挺依旧让其他货币望而生畏。

在金融危机肆虐时，寻求安全“避风港”的全球投资者，依旧会不由自主地想到美国国债。目前，外国投资者持有的低收益美国国债总额已达到 6.2 万亿美元，这还不包括数量更大的其他美元资产。金融危机爆发以来，美元在全球外汇储备中的比重始终维持稳定，几乎没有受到影响。实际上，来自 IMF 的最新数据表明，全球外汇储备中的美元份额出现了小幅增长，在 2014 年和 2015 年达到 64%左右。

总之，除非中国在政治、法律等方面取得与经济层面同等成功的改革成果，否则，人民币还无法挑战美元的霸主地位。

附录 B

数据统计

本附录中的一系列报表，将为本书的分析及结论提供更详细的数据支撑。

表 B.1 全球主要国家和地区的国内生产总值（GDP）的结构

项目	名义 GDP		以 PPP 统计的 GDP	
	10 亿美元	占全球总额的比例 / %	10 亿美元	占全球总额的比例 / %
美 国	17 947	24.5	17 947	15.8
欧元区	11 540	15.8	–	–
中 国	10 983	15.0	19 392	17.1
日 本	4 123	5.6	4 830	4.3
英 国	2 849	3.9	2 679	2.4
加拿大	1 552	2.1	1 632	1.4
澳大利亚	1 224	1.7	1 138	1.0
瑞 士	665	0.9	482	0.4
金砖五国	16 484	22.5	34 991	30.8

资料来源：国际货币基金组织

注释："金砖五国"包括巴西、印度、俄罗斯、中国和南非；PPP 为购买力平价。表中数据截至 2015 年底。名义 GDP 按市场汇率换算成美元。按购买力平价统计的 GDP 是指按购买力平价调整后的 GDP 指标。

按当时的市场汇率换算，2015 年"金砖五国"中除中国外的四个国家的名义 GDP 及占全球 GDP 的比重分别如下：巴西，1.8 万亿美元（2.4%）；印度，2.1 万亿美元（3%）；俄罗斯，1.3 万亿美元（1.8%）；南非，0.3 万亿美元（0.4%）。按 PPP 汇率换算，这四个国家的 GDP 及占全球 GDP 的比重为：巴西，3.2 万亿美元（2.8%）；印度，8.0 万亿美元（7%）；俄罗斯，3.7 万亿美元（3.3%）；南非，0.7 万亿美元（0.6%）。

表 B.2 主要国家和地区在全球贸易总额中的比例（%）

项 目	出 口	进 口	贸易总额
A. 商品贸易			
欧元区	24.2	22.7	23.4
中 国	12.1	10.1	11.1
美 国	8.8	13.3	11.0
德 国	8.1	6.6	7.4
日 本	3.8	4.5	4.1
英 国	2.6	3.8	3.2
俄罗斯	2.7	1.7	2.2
印 度	1.8	2.3	2.0
瑞 士	1.8	1.5	1.6
巴 西	1.2	1.3	1.3
南 非	0.5	0.6	0.5
B. 商品及服务贸易			
欧元区	25.4	24.0	24.7
美 国	9.9	12.5	11.2
中 国	10.5	9.6	10.1
德 国	7.5	6.7	7.1
日 本	3.7	4.4	4.0
英 国	3.5	3.9	3.7
印 度	2.1	2.4	2.2
俄罗斯	2.4	1.9	2.1
瑞 士	1.9	1.6	1.7
巴 西	1.1	1.4	1.3
南 非	0.5	0.5	0.5

资料来源：世界银行、国际货币基金组织及中国国家外汇管理局
注释：表中数据为 2014 年数据。欧元区数据包括欧元区的区内贸易。2015 年，中国商品贸易在全球的比重为 12%，在全球商品及服务贸易中的比重为 11%。表中部分国家 2015 年的数据未获得。

表 B.3 中国的国际投资头寸表（单位：10 亿美元）

年份	2004	2005	2006	2007	2008	2009	2010	2011	2012	2013	2014	2015
净头寸	276	408	640	1 188	1 494	1 491	1 688	1 688	1 866	1 996	1 603	1 598
资产	929	1 223	1 690	2 416	2 957	3 437	4 119	4 735	5 213	5 986	6 438	6 215
对外直接投资	53	64	91	116	186	246	317	425	532	660	883	1 129
有价证券	92	117	265	285	253	243	257	204	241	259	263	261
股票	0	0	1	20	21	55	63	86	130	153	161	162
债券	92	117	264	265	231	188	194	118	111	105	101	99
其他	166	216	254	468	552	495	630	850	1 053	1 187	1 394	1 419
投资	—	—	—	—	—	—	—	—	—	—	—	
储备资产	619	826	1 081	1 547	1 966	2 453	2 914	3 256	3 388	3 880	3 899	3 406
外汇储备	610	819	1 066	1 528	1 946	2 399	2 847	3 181	3 312	3 821	3 843	3 330
负债	653	816	1 050	1 228	1 463	1 946	2 431	3 046	3 347	3 990	4 836	4 617
FDI	369	472	614	704	916	1 315	1 570	1 907	2 068	2 331	2 599	2 842
有价证券	57	77	121	147	168	190	224	249	336	387	796	811
股票	43	64	106	129	151	175	206	211	262	298	651	591
债券	13	13	14	18	17	15	18	37	74	89	145	220
其他	227	267	315	378	380	442	637	891	943	1 272	1 440	964
投资	—	—	—	—	—	—	—	—	—	—	—	

资料来源：中国国家外汇管理局

注释：表中 2015 年的数据与以前年度数据不可比。从 2015 年开始，中国开始根据 IMF 最新发布的《国际收支状况和国际投资头寸手册（第 6 版）》（*Balance of Payments and International Investment Position Manual Version 6*）编制国际投资头寸表。

国家外汇管理局指出，最大调整就是目前的国际投资头寸表中的主要项目采用市场价值法，而不是历史流量累积法。截至2014年之前的数据依旧以《国际收支状况和国际投资头寸手册（第 5 版）》为准。需要指出的是，国家外汇管理局此前就已经按《国际收支状况和国际投资头寸手册（第 6 版）》要求编制国际收支平衡表。因此，上述数据实际上与此前年度是可比的，尽管此次调整也强调了匹配以前年度流量数据（国际收支平衡表）与存量数据（国际投资头寸表）的难度。

表 B.4 全球外汇市场成交额的货币构成（部分年份及货币，%）

年 份	2001	2004	2007	2010	2013
美 元	89.9	88.0	85.6	84.9	87.0
欧 元	37.9	37.4	37.0	39.1	33.4
日 元	23.5	20.8	17.2	19.0	23.0
英 镑	13.0	16.5	14.9	12.9	11.8
澳大利亚元	4.3	6.0	6.6	7.6	8.6
瑞士法郎	6.0	6.0	6.8	6.3	5.2
印度卢比	0.2	0.3	0.7	1.0	1.0
俄罗斯卢布	0.3	0.6	0.7	0.9	1.6
人民币	0.0	0.1	0.5	0.9	2.2
南非兰特	0.9	0.7	0.9	0.7	1.1
巴西里拉	0.5	0.3	0.4	0.7	1.1
合 计	200.0	200.0	200.0	200.0	200.0

资料来源：国际清算银行（BIS）
注释：表中各货币的份额合计为 200%，因为每一笔交易均涉及两种货币，因而在总额中也被计算两次。数据已通过当地及跨境的交易商内部双向计数法进行调整（即净 – 净法）。

表 B.5 流通在外的国际债券及票据（部分国家）

项目	2015 年 6 月(10 亿美元)	比例 / %
美 元	8 816	42.7
欧 元	8 092	39.2
英 镑	1 988	9.6
日 元	402	1.9
瑞士法郎	295	1.4
人民币	98	0.5
巴西里拉	37	0.2
南非兰特	29	0.1

续表

项目	2015年6月(10亿美元)	比例/%
俄罗斯卢布	21	0.1
印度卢比	7	0.0

资料来源：国际清算银行（BIS）
注释：表中数据为以相关货币计价的流通在外的国际债务凭证。

表B.6 各种货币的利率衍生品

项　目	名义价值总额		贸易计数总额	
	美元	比例/%	贸易计数	比例/%
A. 通过集中交易对手清算的贸易				
欧　元	80 018	33.9	628 417	25.3
美　元	75 502	32.0	702 401	28.3
日　元	29 271	12.4	267 440	10.8
英　镑	20 526	8.7	234 049	9.4
瑞士法郎	2 652	1.1	32 221	1.3
南非兰特	1 792	0.8	30 080	1.2
巴西里拉	776	0.3	15 658	0.6
印度卢比	742	0.3	43 097	1.7
人民币	435	0.2	22 417	0.9
俄罗斯卢布	1 466	0.6	6 648	0.3
小计	213 180	90.3	1 982 428	79.8
合　计	236 185	—	2 483 499	—
B. 全部贸易				
欧　元	172 596	34.8	1 103 212	25.6
美　元	172 099	34.7	1 320 501	30.7
日　元	64 845	13.1	64 845	1.5
英　镑	42 325	8.5	425 289	9.9
瑞士法郎	5 921	1.2	77 470	1.8

续表

项　目	名义价值总额		贸易计数总额	
	美元	比例 / %	贸易计数	比例 / %
南非兰特	2 387	0.5	49 975	1.2
巴西里拉	775	0.2	15 658	0.4
印度卢比	742	0.1	43 097	1.0
人民币	435	0.1	22 417	0.5
俄罗斯卢布	132	0.0	6 648	0.2
小计	462 257	93.2	3 129 112	72.8
合　计	495 889	–	4 302 569	–

资料来源：Tri-Optima《2012 年利率交易资料库报告》
注释：通过集中交易对手方清算的所有贸易，均为 G14 及非 G14 交易商按该国货币归集的贸易总和。Tri-Optima 提供的《利率交易资料库报告》（*Interest Rate Trade Repository Report*）已不再发布这些数据。目前数据由证券托管和结算公司（Depository Trust and Clearing Corporation）管理，但已不再向公众发布。

表 B.7 近期与中国签署的离岸人民币结算协定

国家和地区	签署日期	指定银行
新加坡	2012 年 7 月 6 日	中国工商银行
中国台湾	2012 年 8 月 31 日	中国银行
德　国	2014 年 3 月 28 日	中国银行
英　国	2014 年 3 月 31 日	中国建设银行
卢森堡	2014 年 6 月 28 日	中国工商银行卢森堡分行
法　国	2014 年 6 月 28 日	中国银行巴黎分行
韩　国	2014 年 7 月 3 日	交通银行
卡塔尔	2014 年 11 月 3 日	中国工商银行卡塔尔分行
马来西亚	2014 年 11 月 10 日	中国银行马来西亚分行
澳大利亚	2014 年 11 月 17 日	中国银行悉尼分行
加拿大	2014 年 11 月 17 日	中国工商银行加拿大分行
泰　国	2014 年 12 月 22 日	中国工商银行（泰国）有限公司

续表

国家和地区	签署日期	指定银行
瑞 士	2015 年 1 月 21 日	待公布
智 利	2015 年 5 月 26 日	中国建设银行智利分行
南 非	2015 年 7 月 1 日	中国银行约翰内斯堡分行
阿根廷	2015 年 9 月 17 日	待公布
俄罗斯	2016 年 6 月 25 日	待公布

注释：各离岸结算中心均只设有一家结算银行。表中第三栏为开展人民币结算业务的银行名称。除表中列示的指定离岸结算中心外，还有两个特殊人民币结算中心早在 20 年之前既已成立：中国香港，2003 年 12 月；中国澳门，2004 年 9 月。

表 B.8 政府及公司债券的存量和成交额——跨境投资

项 目	政府债券			公司债券		
	尚未收回的总流通额 /10 亿美元	成交额 /10 亿美元	成交率 / %	尚未收回的总流通额 /10 亿美元	成交额 /10 亿美元	成交率 / %
美 国	18 902	126 815	6.7	8 158	6 706	0.8
日 本	8 274	10 260	1.2	656	39	0.1
欧元区	8 614	—	—	3 726	—	—
中 国	4 306	2 153	0.6	2 199	550	0.3
德 国	1 195	5 104	4.3	301	—	—

资料来源：证券与金融市场协会（SIFMA）、美国联邦储备委员会（FRB）、欧洲中央银行（ECB）、德意志银行、德意志联邦共和国金融局（FRGFA）、亚洲债券在线（AsianBondsOnline）及作者计算。

注释：表中显示的数据为 2015 年（美国、日本和德国）；部分数据为截至 2016 年 3 月的 12 个月数据（欧元区、中国和德国的公司债券）。政府债券包括由中央政府和地方政府（美国还包括市政债券）发行的债券。德国的政府债券数据仅限于联邦债券。上述数据不包括由中央银行等货币金融机构发行的债务有价证券。表中显示的流通在外政府及公司债券价值及其成交额单位均为 10 亿美元。中国、欧元区、德国和日本的公司债券包括由金融企业和非金融企业发行的债券。

表 B.9 与中国人民银行签署货币互换协议的其他国家和地区央行
（2008 年 1 月—2016 年 6 月）

银 行	时 间	互换额度 /10 亿元	换算为美元 /10 亿美元
韩国银行	2008 年 12 月 12 日	180	27.5
	2014 年 10 月 26 日	360	55.0
中国香港金融管理局	2009 年 1 月 20 日	200	30.5
	2014 年 11 月 27 日	400	61.1
马来西亚国家银行	2009 年 2 月 8 日	80	12.2
	2015 年 4 月 18 日	180	27.5
白俄罗斯共和国国家银行	2009 年 3 月 11 日	20	3.1
	2015 年 5 月 11 日	7	1.1
印度尼西亚银行	2009 年 3 月 23 日	100	15.3
	2013 年 10 月 1 日	100	15.3
阿根廷中央银行	2009 年 4 月 2 日	70	10.7
	2014 年 7 月 18 日	70	10.7
冰岛中央银行	2010 年 6 月 9 日	3.5	0.5
	2016 年 9 月 1 日	3.5	0.5
新加坡金融管理局	2010 年 7 月 23 日	150	22.9
	2013 年 3 月 7 日	300	45.8
新西兰储备银行	2011 年 4 月 18 日	25	3.8
	2014 年 5 月 22 日	25	3.8
乌兹别克斯坦共和国中央银行	2011 年 4 月 19 日	0.7	0.1
蒙古银行	2011 年 4 月 19 日	5	0.8
	2014 年 8 月 21 日	15	2.3
哈萨克斯坦国家银行	2011 年 6 月 13 日	7	1.1
	2014 年 12 月 14 日	7	1.1
泰国银行	2011 年 12 月 22 日	70	10.7
	2014 年 12 月 22 日	70	10.7
巴基斯坦国家银行	2011 年 12 月 23 日	10	1.5
阿拉伯联合酋长国中央银行	2012 年 1 月 17 日	35	5.3

续表

银行	时间	互换额度/10 亿元	换算为美元/10 亿美元
土耳其共和国中央银行	2012 年 2 月 21 日	10	1.5
	2015 年 11 月 16 日	12	1.8
澳大利亚储备银行	2012 年 3 月 22 日	200	30.5
	2015 年 4 月 8 日	200	30.5
乌克兰国家银行	2012 年 6 月 26 日	15	2.3
巴西中央银行	2013 年 3 月 26 日	190	29.0
英格兰银行	2013 年 6 月 22 日	200	30.5
	2015 年 10 月 20 日	350	53.4
匈牙利中央银行	2013 年 9 月 9 日	10	1.5
阿尔巴尼亚银行	2013 年 9 月 12 日	2	0.3
欧洲中央银行	2013 年 10 月 9 日	350	53.4
瑞士国家银行	2014 年 7 月 21 日	150	22.9
斯里兰卡中央银行	2014 年 9 月 16 日	10	1.5
俄罗斯联邦中央银行	2014 年 10 月 13 日	150	22.9
卡塔尔中央银行	2014 年 11 月 3 日	35	5.3
加拿大银行	2014 年 11 月 18 日	200	30.5
尼泊尔国家银行	2014 年 12 月 25 日	未知	未知
苏里南中央银行	2015 年 3 月 18 日	1	0.2
亚美尼亚中央银行	2015 年 3 月 30 日	1	0.2
南非储备银行	2015 年 4 月 10 日	30	4.6
智利中央银行	2015 年 5 月 25 日	22	3.4
塔吉克斯坦国家银行	2015 年 9 月 7 日	3	0.5
摩洛哥中央银行	2016 年 5 月 11 日	10	1.5
塞尔维亚国家银行	2016 年 6 月 17 日	1.5	0.2
最新协议约定的总额		3 325	508

注释：表中日期为该中央银行第一次及最近一次（相对于对初始协议的更新）与中国央行签署协议的日期。表中未显示在两个日期之间进行的协议更新（比如，韩国银行和香港金融管理局均在2011年与中国人民银行对协议进行了更新）。表中最后一行显示的最新协议约定总额，以各国与中国人民银行签署的最新协议为准。换算为美元的金额按 2015 年 3 月 30 日 6.55 元人民币兑换 1 美元的汇率计算。

"iHappy 书友会"会员申请表

姓　名（以身份证为准）：__________；性　别：__________；

年　龄：__________；职　业：__________；

手机号码：__________；E-mail：__________；

邮寄地址：__________；邮政编码：__________；

微信账号：__________（选填）

请严格按上述格式将相关信息发邮件至中资海派"iHappy 书友会"会员服务部。

邮　箱：zzhp_marketing6@126.com

微信联系方式：请扫描二维码或查找 zzhpszpublishing 关注"中资海派图书"

<table>
<tr><td rowspan="8">优惠订购</td><td colspan="2">订阅人</td><td></td><td>部门</td><td></td><td>单位名称</td><td></td></tr>
<tr><td colspan="2">地址</td><td colspan="5"></td></tr>
<tr><td colspan="2">电话</td><td colspan="3"></td><td>传真</td><td></td></tr>
<tr><td colspan="2">电子邮箱</td><td></td><td>公司网址</td><td></td><td>邮编</td><td></td></tr>
<tr><td>订购书目</td><td colspan="6"></td></tr>
<tr><td rowspan="2">付款方式</td><td>邮局汇款</td><td colspan="5">中资海派商务管理（深圳）有限公司
中国深圳银湖路中国脑库 A 栋四楼　　邮编：518029</td></tr>
<tr><td>银行电汇或转账</td><td colspan="5">户　名：中资海派商务管理（深圳）有限公司
开户行：招行深圳科苑支行
账　号：81 5781 4257 1000 1
交通银行卡户名：桂林　　卡　号：622260 1310006 765820</td></tr>
<tr><td>附注</td><td colspan="6">1. 请将订阅单连同汇款单影印件传真或邮寄，以凭办理。
2. 订阅单请用正楷填写清楚，以便以最快方式送达。
3. 咨询热线：0755-25970306 转 158、168　传　真：0755-25970309 转 825
E-mail: szmiss@126.com</td></tr>
</table>

→利用本订购单订购一律享受九折特价优惠。

→团购 30 本以上八五折优惠。